이 책을 저자들의 어머님께 헌정합니다.

GE의 혁신 DNA

GE의 혁신 DNA

초판 1쇄 인쇄 | 2021년 8월 10일
초판 1쇄 발행 | 2021년 8월 16일

지은이 | 임채성·임재영·손현철
펴낸이 | 김진성
펴낸곳 | 헤이테북스

편   집 | 박부연
디자인 | 이은하
관   리 | 정보해

출판등록 | 2005년 2월 21일 제2016-000006
주   소 | 경기도 수원시 장안구 팔달로237번길 37, 303호(영화동)
대표전화 | 02) 323-4421
팩   스 | 02) 323-7753
홈페이지 | www.heute.co.kr
전자우편 | kjs9653@hotmail.com

Copyright©by 임채성·임재영·손현철

값 15,000원
ISBN: 978-89-93132-78-6(03320)

GE의 혁신 DNA

4차 산업혁명 시대에 GE가 그리는
산업 디지털 트랜스포메이션의 미래

임채성·임재영·손현철 지음

호이테북스
today

Insight Book for GE's Digital Innovation

《GE's Innovation DNA》 is an insightful look into what an industrial business needs to do in order to succeed in the future. Industrial firms are faced with a world where the tried and true traditional methods like six sigma are no longer enough. Technology advances such as artificial intelligence and additive manufacturing are becoming the table stakes to compete and drive productivity. However, these changes are not just technology changes. They require changes in talent, culture and ultimately leadership.

General Electric has been a leader in the industrial sector in embracing these changes. GE was the trailblazer in becoming a digital industrial business. The lessons learned by GE are a playbook for others to follow. This book is that playbook. It is address the challenges facing industrial firms today. It covers not just the technology aspects but the talent, cultural and leadership aspects as well. It is filled with great examples of practical approaches to getting started.

Every industrial firm will need to become a digital industrial to compete in the future. Korea is a country of leading industrial companies that will need to embrace and adapt to this digital transformation. Now is the time for making the changes necessary. For those that don't adapt by the time it is obvious it may be too late. This book is a great first step in your journey.

−William Ruh(Former CEO, GE Digital)

GE가 걸어간 혁신의 발자국에서 무엇을 배울 것인가?

"스마트 빌딩 영역은 제조업과 다릅니다. 투자수익을 거두어 들일 수 있고 기술이 성숙되어 있습니다."

이는 2019년 11월 18일 오스트레일리아 시드니의 산업인터넷컨소시엄(Industrial Internet Consortium) 회의에서 부동산 회사 렌드리스(Lendlease)의 CEO인 빌 루(Bill Ruh)가 기조 연설에서 한 말이다. 〈Lendlease와 함께하는 보다 스마트한 쇼핑 지역 및 보다 나은 경험 창출(Creating Smarter Precincts and Better Experiences with Lendlease)〉이라는 이 기조 연설은 참여한 청중들의 폭발적인 반응을 일으켰다. 오스트레일리아에서 '시드니의 강남'이라고 할 수 있는 바랑가루 지역에 2019년 막 완공되어 분양을 시작한 최첨단 3개의 빌딩 이야기가 그 연설의 핵심이었다.

빌 루는 빌딩 구축 과정에 디지털 트윈(Digital Twin)이 적용되었고, 이를 바탕으로 한 혁신적 인터넷 서비스를 제공하는 내용이 추진되고 있다고 소개하였다. 그 내용은 제조업에서 일어나는 혁신적 변화 내용과 유사한 점이 있었다. 빌 루와는 2016년 서울에서 열린 〈GE In-novation Forum〉에서 함께 발표하고 토론을 했던 터라 당시의 만남은 오랜만에 반갑게 만나는 소중한 자리였다.

과거 빌 루는 GE 디지털(GE Digital)의 CEO이자 GE의 CDO(Chief Digital Officer)로 GE의 디지털 트랜스포메이션을 최전선에서 이끌어 온 경영자였다. 그때의 경험이 오스트레일리아의 부동산 회사인 렌드리스에서 꽃을 피우고 있음을 보게 된 것이다. 이러한 점에서 GE의 디지털 트랜스포메이션 도입과 진통 과정은 제조업은 물론이고, 스마트 빌딩 등 유사한 변화를 겪고 있는 산업에 주는 시사점이 크다.

GE는 세계에서 선도적으로 '산업 인터넷 비즈니스' 디지털 트랜스포메이션 여정을 시작한 기업들 가운데 자신의 발자국을 공개한 최초의 기업이다. 경영학 분야의 기업 사례 및 논문, 시사 잡지, 온라인 기사, 보고서, TV 프로그램 등에 GE만큼 자신의 디지털 트랜스포메이션 발자국을 노출한 기업은 아직까지 존재하지 않는다. 그런 면에서 GE의 발자국은 디지털 트랜스포메이션 여정을 떠나는 수많은 기업들에게 소중한 자료를 제공해줄 것이라고 믿는다.

지금까지 보여준 GE의 발자국은 눈밭에 찍힌 빨간 발자국으로 비유할 수 있다. 혹자는 이를 GE의 쇠퇴를 야기하는 치명적 상처의 발자국이라고 하고, 혹자는 GE의 30년 미래를 밝히는 피땀의 발자국이라고도 한다. 여기서 디지털 트랜스포메이션이라는 먼 길을 가려는 기업들에게 GE의 발자국이 상처투성이의 발자국인지, 성공을 향한 피땀의 발자국인지 구분하는 것보다 더 중요한 것이 있다. 그것은 GE의 발자국을 보고 기업이 가야 할 여정의 방향과 구체적인 실행 대안을 모색하는 생각 연습을 하는 것이다.

지금 세계 기업들이 직면한 문제는 어쨌든 디지털 트랜스포메이션이라는 여정을 떠나야 한다는 것이다. 아직까지는 그 여정에 대한 상세한 지도가 없다. 가장 앞서 시작한 기업의 발자국만 있을 뿐이다. 이런 경우에는 눈밭의 발자국이 지도를 대신하는 역할을 할 수 있다. 어디쯤 오르막길이 있는지, 산을 오르려면 어떤 길을 이용해야 하는지 가늠하게 해줄 수 있다.

2010년대 들어 '산업 인터넷 비즈니스'를 향한 글로벌 기업들의 디지털 트랜스포메이션이 시작되었다. 1990년대 중반부터 디지털화를 거치면서 인터넷으로 소비자를 상대하던 '소비자 인터넷 비즈니스 시대'가 열린 지 20여 년 만의 일이다. '소비자 인터넷 비즈니스'의 대표적인 기업으로는 구글(Google), 페이스북(Facebook), 아마존(Amazon) 등이 있다. 이들 기업은 현재 인터넷과 소프트웨어를 활용해 '개별 고객에게 적합한 가치'와 혁신적인 서비스를 제공하고 있다. 20여 년 전만 해도 S&P 500에 하나도 들지 못했지만, 지금은 S&P 500 전체 주식의 15%를 차지하고 있다.

이제는 인터넷을 통해 기업 고객을 상대하는 소위 '산업 인터넷 비즈니스 시대'가 가시화되고 있다. 이와 관련된 기업들이 점차 늘고 있고, 일이십 년 뒤에는 이들 기업이 S&P 500 전체 주식 중 상당 부분을 점유할 것으로 전망된다. 디지털 기술의 발전 때문에 기계나 부품이 인터넷으로 연결되면서 '산업용 인터넷 비즈니스'는 점차 확장되는 반면, 하드웨어 중심의 제조 기업들은 위기에 직면하고 있다.

인터넷을 매개로 제조와 서비스를 결합하는 데 있어 하드웨어 중심 기업이라고 해서 실패한다는 보장도 없고, '소비자 인터넷 비즈니스'의 강자인 소프트웨어 중심 기업이 승리한다는 보장도 없다. 현재 이러한 변화에 가장 선도적인 기업으로 지멘스, 보쉬, GE와 같은 하드웨어 중심 기업이 있는가 하면, 마이크로소프트(Microsoft)와 같은 소프트웨어 중심 기업도 있다. 어찌 되었든 4차 산업혁명 시대에 제조 기업이 생존하기 위해서는 무엇보다도 디지털 기술을 통합해 경쟁력 있는 기업으로 변화하고, 비즈니스 모델을 혁신해야 하는 것은 분명하다.

2015년 메르세데스-벤츠의 제체 사장은 애플(Apple)과 하청업체 폭스콘(Foxconn)을 거론하며 자동차 제조회사인 메르세데스-벤츠도 소프트웨어 회사의 하청업체로 전락할 수 있다고 위기의식을 드러냈다. 그의 발표장에는 실물의 벤츠 자동차와 스크린상의 디지털 데이터로 구현된 복사물이 함께 공중에 떠 있었다.

이러한 위기의식 아래 지속적으로 혁신을 일궈내면서 디지털 트랜스포메이션 발자국을 만든 기업이 바로 GE다. GE는 비즈니스 모델 혁신뿐 아니라, ICT 기업처럼 빠른 속도로 고객들에게 결과물을 제공하려는 모습을 시도했고, 각 사업 부문별로 일정한 성과를 이루어내고 있다. 이러한 혁신을 절대 불가능한 영역으로 보이던 중후장대형 산업에서 추진하고 있다는 점에서 우리에게 시사하는 바가 매우 크다고 하겠다.

우리는 단지 GE의 주가가 떨어졌다고 해서 배울 게 없다고 판단하는 우를 범해서는 안 된다. '산업 인터넷 비즈니스'를 향한 디지털 트랜스포메이션 발자국을 최초로 찍고, 그 발자국을 공개한 기업이라는 점에서 GE로부터 배워야 할 이유는 충분하다. 제조 기업 GE가 디지털 트랜스포메이션 도전 과정에서 자사의 사업 부문 적용은 성공하고 있으나 타사의 사업 분야 확장에서 어려움을 겪고 있는 것은 우리에게 시사하는 바가 크다.

이 책은 GE가 2011년에 위기의식을 가지고 디지털 기업으로의 변신을 선언한 후 거의 불가능에 가까운 도전을 한 약 10여 년의 여정을 소개한다. 또한 이러한 혁신이 기존의 식스 시그마(Six Sigma)를 넘어 패스트웍스(FastWorks)를 중심으로 한 전사적인 프로세스 변화를 통해 어떻게 이루어졌는지를 안내한다. 이와 더불어 자금 배분, 조직 변화 및 종업원의 참여를 어떻게 이끌어냈는지도 소개한다.

이 책의 집필은 GE 관계자와의 직접적인 면담을 최소화하는 선에서 이루어졌다. GE가 관련 자료를 풍부하게 공개했기 때문에, 그 내용만으로도 국내 기업이 디지털 트랜스포메이션의 방향을 가늠하고 참고하는 데 충분하다고 보았기 때문이다.

최근 GE는 디지털 기업으로 비즈니스 모델을 추구하는, 디지털 트랜스포메이션 선구자로서의 궤적을 뚜렷이 보여주고 있다. 이들이 진행한 혁신의 모든 것은 국내 기업에 좋은 시사점을 제공해준다. 모쪼록 GE의 혁신 사례를 국내 기업들이 반면교사로 삼고 활용할 수 있다면 저자들로서는 더할 나위가 없을 것이다. 이런 취지에서 이 책을 읽고 얻은 디지털 트랜스포메이션 추진 방향에 대한 영감과 실천 경험을 함께 나누는 방향으로 개정판을 추진코자 한다. 자세한 내용은 책 끝부분의 부록 부분을 참조해주기 바란다.

끝으로 이 책이 나오기까지 도움을 주신 많은 분들께 감사의 인사를 드린다. 먼저 자사의 디지털 트랜스포메이션 관련 정보를 투명하게 공개하여 풍부한 분석이 가능하게 해준 GE 관계자 여러분께 감사드린다. 5년 전 이 책의 구상과 진행 과정에서 많은 조언을 주신 송형권 교수님(한국인더스트리4.0협회 창립 멤버)과 GE에 대한 훌륭한 정보와 내용을 공유해주신 LG경제연구원 황인경 책임연구원님, 책 기획 및 책이 완성되는 과정에서 적극 도움을 주신 호이테북스 김진성 대표님과 편집진 여러분께도 감사드린다.

또한 건국대학교 기술경영학과 최우석 조교께도 감사 인사를 하고 싶다. 국내의 스마트 팩토리, 디지털 트랜스포메이션 관련 논의 과정에서 책 집필에 도움이 되는 영감과 정보를 공유해주신 한국인더스트리4.0협회 저술위원회 위원 및 회원 여러분, 미국 산업인터넷컨소시엄(Industrial Internet Consortium)의 디지털 트랜스포메이션 워킹그룹 멤버 여러분께도 감사드린다.

제약 여건 때문에 책 집필 여정을 함께하지는 못했지만, 책의 초기 기획 과정에서 조언과 노력을 해주신 더난출판사 이홍 대표님께도 감사드린다. 대표님이 아니었으면 초기에 책 집필을 엄두도 내지 못했을 것이다. 5년여의 긴 집필 여정 가운데 도움을 주신 분 중 혹시라도 저자들이 미처 기억해내지 못하여 이 자리에 밝히지 못한 분들께도 모두 심심한 감사의 인사를 드린다.

-저자 일동

Contents

3장   GE의 인터넷 비즈니스 과제와 해법

Contents

Intro

GE의 임원 연수,
그 변화의 현장을 가다

GE의 임원 연수, 그 변화의 현장을 가다

GE 임원은 게임을 통해 산업을 이해하고 소통을 체화한다

미국 뉴욕시 맨해튼에서 북쪽으로 약 60킬로미터, 허드슨 강변을 따라 고속도로를 1시간쯤 달렸을까? 램프를 빠져나와 지방도로 끝부분의 오르막길에 이르자 'GE 글로벌 러닝 크로톤빌 리더십 센터' 표지판이 보였다. 바로 여기가 전 세계 GE 임직원의 교육과 리더십 연수를 담당하는 곳이다. GE 홍보 팀의 사전 브리핑에 따르면, 24만 제곱미터(72,000평) 규모라고 했다.

주차장에서 내려 본관 쪽으로 걸어가면서 꽤 웅장한 건물들이 등장할 것이라고 생각했다. 그런데 한국의 기업 연수원에서 흔히 볼 수 있는 대규모 강당이나 창업주의 기념관, 체육관 같은 시설이 눈에 띄지 않았다. 마치 휴양지의 리조트에 온 것처럼 작고 아담한 건물 8채가 울창한 숲에 둘러싸여 있었다. 산책로 끝에는 미국 중부 대평원의 농장에서나 볼 법한 큰 창고가 있었다. 글로벌 GE의 위상에 비하면 소박한 규모였다.

국내 굴지의 기업 총수나 GE의 협력사 임원들이 GE의 혁신 방법을 배우기 위해 자주 방문한다고 들었는데, 이렇게 고즈넉한 곳일 줄은 전혀 짐작조차 하지 못했다. 임원들이 푹 쉬고 산책하면서 새로운 구상을 할 만한 곳이라는 인상이 강했다. 그런데 임원 연수의 한 커리큘럼 현장을 방문한 후에 그런 섣부른 추측은 산산이 깨져 나갔다.

센터 관리자의 안내를 받고 들어간 넓은 강의실. 호각과 차임벨 소리, 고함과 호객 소리, 이리 뛰고 저리 뛰는 성인 남녀들로 내부는 한마디로 도떼기시장 같았다. 어른들의 옷차림과 머리 모양 또한 가관이었다. 피에로 복장에 알록달록한 가발을 쓴 남녀, 뚱딴지같은 연미복에 마법사의 실크해트(Silk Hat)를 쓴 남자 등 임원이라고는 믿어지지 않는 복장의 사람들로 북적거렸다.

이곳이 리더십 센터인지 아니면 연극 연습실인지 순간 헷갈렸다. 점잖게 앉아 강의를 듣는 한국 기업과는 천양지차. 마치 대학가 보드게임 카페에 있는 듯했다. 임원들은 종이로 만든 가짜 돈과 제품 이름이 담긴 카드를 들고 서로가 큰 목소리로 흥정을 하고 있었다.

어리둥절한 필자에게 연수 담장자인 더그 스콧 씨가 설명을 해주었다.

"임원들은 지금 가상의 사업체를 운영하는 중입니다. 게임 진행 팀에서는 그들에게 해결할 많은 과제를 던져줍니다. 사업체를 창업하고, 최고경영자에서부터 실무자까지 자기 역할을 맡아 일을 하는 중이죠."

한창 진행 중인 연수 프로그램의 이름은 '맥스 게임'. GE가 외부 업체에 의뢰해 기업 연수용으로 개발한 경영 시뮬레이션 게임이다. 참가자들은 두 팀으로 나뉘어 각기 가상의 회사를 창업해 운영한다. 필자가 취재한 회차에는 '맥스 팩터'와 '맥스 밀리언'이라는 두 팀이 치열한 경쟁을 벌이고 있었다. 두 회사는 엔터테인먼트 업종으로 체험 상품, 장난감, 영화 등을 3년의 회계 기간 내에 제작해서 판매해야 한다. 3년간 사업을 진행해 두 기업의 매출액, 주가, 배당금 등의 성과를 비교해 우승 팀을 결정한다. 참가자들은 GE의 현직 임원이지만 게임 안에서는 직책과 권위를 내려놓고 말단 영업 부서부터 마케팅, 소비자 불만 센터, 신상품 기획 팀 등의 일을 맡아 업무를 처리한다.

실내 앞쪽 벽에는 게임 속의 현재 달(月)을 알려주는 TV 모니터가 설치돼 있었다. 5월을 뜻하는 'May'가 눈에 띄었다. 왁자지껄하게 거래하는 팀들을 촬영하다가 종소리가 나서 모니터를 보니 어느새 6월로 바뀌어 있었다. 무슨 일인가 싶어 진행자에게 물어보니 3년을 3시간으로 압축해서 진행한다고 한다. 1시간이 1년, 5분이 1달인 셈이다. 5분마다 1달이 지나간다고 생각해보라. 얼마나 정신없겠는가? 참가자들은 정말 눈코 뜰 새 없이 바쁘게 움직였다.

달을 표시하는 모니터 옆 긴 테이블에는 중절모를 쓴 남성 게임 마스터 한 명과 여성 고객 두 명이 앉아 있었다. 이들은 두 개의 가상 기업에게 월별로 제품에 대한 주문, 소비자 불만 사항, 마케팅 전략, 정부와 지자체의 사업 관련 법령 개정과 규제 등의 문제를 계속 쏟아내고 있었다. 고객의 주문은 변덕스럽고, 요구사항은 까탈스러웠다. 갑작스레 주문량을 늘리거나 새로운 이벤트를 요구하며 기업을 닦달했다.

각 기업의 메신저가 요구사항을 담당 부서에 전달하면 해당 부서원은 제품 공급, 불만 해결, 새로운 마케팅 전략 수립, 규제에 대한 대책 등을 마련해야 했다. 그렇게 해서 제품을 제대로 공급하면 고객은 대금을 지급하고, 이는 매출로 잡혔다. 반대로 소비자 불만 사항을 해결하지 못하거나 규제에 대한 대응책을 잘못 세우면 손실로 잡혔다.

1시간이 지나가면 실크해트를 쓴 진행자가 "5, 4, 3, 2, 1, Happy New Year!"를 외치며 새로운 한 해가 시작됨을 알렸다. 이러기를 세

차례. 3년의 시간이 순식간에 지나갔다. 사오십 대의 나이 지긋한 임원들이 빨강, 노랑, 분홍, 연두, 파랑 등 요란한 색종이에 5만, 10만, 50만, 100만 달러가 새겨진 가짜 돈을 세고, 놀이 카드 모양의 엔터테인먼트 상품을 고객에게 건네고, 벽에 붙은 회계 장부에 그 달의 매출과 손실을 진지하게 기록했다. 처음 봤을 때 들었던 우스꽝스럽다는 생각은 사라지고 갈수록 심각한 경영 현실을 보는 착각에 빠졌다.

이때 '삐익삐익' 하는 요란한 호루라기 소리가 나면서 동그란 장난감 선글라스를 쓴 빅 대디가 등장했다. 빅 대디는 가상 기업 임원들이

가장 두려워하는 대주주를 상징했다. "내 돈 내놔, 내 돈. 주가는 왜 이 모양이지? 내 배당금 챙겨놨나?"라며 빅 대디는 지난번 배당금이 성에 차지 않는 듯 두 팀의 CEO를 몰아붙였다. 맥스 팩터 팀의 CEO 가 유망한 기업을 인수하는 중이라고 보고하자, 빅 대디는 "당신 기 업은 작년에 1,200만 빈(화폐 단위)을 벌었고, 주가도 계속 올라가는 중 이에요. 딴짓하지 말고 지금 하는 사업에나 집중해요"라고 핀잔을 주 었다.

상대편인 맥스 밀리언 팀은 계속해서 주가가 떨어지는 상황이라 빅 대디가 단단히 화가 난 모양이었다.

"뭐가 문제예요? 경쟁사에서 당신네 주가를 엿 먹이고 있다는 소문 이 있던데."

질문을 받은 CEO는 "그건 경쟁사가 단기적 이익을 좇기 때문에 일시적으로 주가가 오르는 겁니다. 저희는 장기적으로 보고 있어요. 앞으로 10년, 20년간 당신에게 가치를 창출해 주고 싶습니다"라고 힘겹게 방어했다.

게임을 하는 팀들은 새로운 소비자가 등장하면 고객으로 확보하기 위해 공개 프레젠테이션을 벌이고, 온갖 아이디어를 동원했다. 어느 기업이 고객을 확보하는가에 따라 점수 차가 크게 벌어지기 때문이었다.

맥스 팩터 팀의 CEO는 '귀'를 표현한 상징물을 내세우며 고객 만족을 최우선으로 한다는 전략으로 다음과 같이 고객을 설득했다.

"이것은 귀입니다. 저희는 고객과 교류하는 것을 좋아합니다. 내부 직원들도 소통과 교류를 최우선으로 여깁니다. 우리 기업문화의 본질이기도 하죠. 또한 저희는 혁신과 혁신의 실천을 목표로 합니다. 늘 신제품을 내놓고, 조직 맨 밑바닥부터 맨 위까지 아이디어로 혁신하기를 좋아합니다."

상대인 맥스 밀리언 팀의 승부수는 디지털 혁신이었다.

"저희는 실내 스카이다이빙을 개발하고, 3D로 낭만적인 체험을 즐기는 상품을 개발할 겁니다. 디지털 혁신과 빅데이터를 활용하면 고객이 매장에 걸어 들어오는 순간부터 무엇을 원하는지 알게 됩니다. 여러분이 익숙한 카지노 경험처럼 말이죠. 저희는 최상의 경험을 개

인에게 맞출 겁니다. 고객의 현금을 절약하고 보다 많은 가치를 전달
하는 품질 보증 프로그램을 상상해 보십시오. 저희 맥스 밀리언 팀은
상상력으로 고객을 사로잡을 겁니다."

기꺼이 피에로 가발에 광대 복장을 하고, 청년 창업가처럼 경쟁에
뛰어든 GE 임원들. 그들의 얼굴은 새로운 산업 시대를 이겨내고, 이
끌려는 열의로 가득했다. GE 오일&가스(GE Oil&Gas)의 임원인 비유 은
디아예는 시뮬레이션 게임의 이점을 이렇게 말했다.

"우리가 운영한 가상의 회사가 주력한 일 가운데 하나는 소프트웨어
기업처럼 행동하는 것이었습니다. 소프트웨어 산업에서는 신속하게 적
응하고 반복하는 능력이 매우 중요합니다. 시뮬레이션 게임을 통해 우

리 리더들은 급격한 산업 환경 변화에 더 잘 적응할 수 있습니다."

GE의 리더십 연수 방식이 바뀐 시점은 2010년 이후. 시뮬레이션 게임 도입도 채 몇 년이 되지 않는다. 이제 GE 리더십 센터는 앉아서 강의를 듣고, 추상적인 경영전략을 구상하는 곳이 아니다. 실제 체험을 통해 디지털 혁신 시대를 이끌어갈 임원을 키우는 곳이다. 임원 리더십 연수 팀의 더그 스콧은 시뮬레이션 게임을 통해 임원들의 생각뿐만 아니라 행동까지 바꾸는 것이 목표라고 말한다.

"GE는 전통 제조업 비즈니스에서 디지털 산업으로 이동하고 있습니다. 전통적인 산업에서는 업력 20년이면 많이 안다고 할 수 있었죠. 1년 경력보다는 훨씬 앞선다고 봤죠. 그런데 요즘 디지털 비즈니스 기준에서는 1년 업력이면 충분히 경쟁력이 있다고 말할 수 있습니다. 20년 업력에 형편없는 기업도 많죠. GE 임원들은 전통적인 제조업과 디지털 산업을 모두 이해하고 오가기 위한 소통이 필요합니다. 시뮬레이션 게임에서 그들이 하는 실제 행동을 GE의 디지털 비즈니스에 맞는 행동으로 연결시켜야 합니다."

GE 리더십 센터를 나서면서 문득 제조업계의 거인인 GE가 실제 산업 현장에서 어떤 변화를 겪고 있는지 궁금해졌다.

KBS 1TV 〈명견만리〉 손현철 PD

1장

경영 혁신의
역사를 써 내려간 GE

01

GE를 혁신으로 이끈 DNA

발명왕 에디슨(1847~1931)이 창업한 GE는 지난 130여 년 동안 시장 변화에 놀랍도록 잘 적응하며 꾸준히 성장해 왔다. 하지만 그것은 그냥 만들어진 것이 아니다. 그 이면에는 뼈를 깎는 내부의 지속적인 변화와 혁신 노력이 있었다. 지금까지 GE는 과거의 성공 방식을 과감히 버리고, 끊임없이 변화를 추구하며, 미래를 바라보고 먼저 변화하는 기업의 상징처럼 여겨졌다. 이러한 GE의 주요 특징은 다음과 같이 요약할 수 있다.

① 경영 리더십 확보　　② 리더의 혁신 정신

③ 인재 양성 시스템　　④ 벽 없는 조직

⑤ 회사의 경영 시스템

이중에서도 특히 혁신 마인드 중심의 경영 리더십 확보는 GE 성장 비결의 핵심이라 할 수 있다. 특히 잭 웰치(Jack Welch)가 회장을 맡으면서 GE의 리더십은 진가를 발휘했다. 경영 리더십을 기준으로 했을 때, GE는 다음의 4단계로 나눌 수 있다.

- 1기-창업기(에디슨~): 기술 중시, 경영 관리, 인재 제일 등 경영 체제 공고화
- 2기-성장기(윌슨~): 전문 경영인 체제 등으로 시장 선점
- 3기-성숙기(웰치~): 초우량 기업을 향한 강력한 경영혁신(포트폴리오&식스 시그마)
- 4기-변신기(이멜트~): 제조 기업으로 서비스형 비즈니스에 도전

이에 대해 좀 더 자세히 알아보자.

1. 창업기: 경영관리 체계(기술, 인재, 경영관리)

GE는 1878년 발명왕 에디슨이 직류전기를 공급하는 에디슨 전기 회사(Edison General Electric)에서 시작했다. 그러나 교류전기 수요가 높았

던 탓에 에디슨은 경영권을 포기하고 1893년 톰슨 휴스턴과 합병하면서 오늘날의 GE가 탄생했다. 이 과정에서 에디슨의 연구개발과 특허권에 대한 기술 중시 정신은 오늘날 GE가 최고의 회사로 거듭나는 데 큰 밑거름이 되었다.

1892년에는 찰스 코핀이라는 독특한 리더가 등장한다. 코핀은 강력한 리더십 대신 조언과 참여를 중시하고, 직원들을 동료로 대해 많은 사람의 존경을 받았다. 이러한 그의 성향은 에디슨 전기회사와 톰슨 휴스턴의 합병 후 회사가 통합되는 데 큰 능력을 발휘하게 되었다.

그는 "기업에서 사람이 가장 중요하다"라는 신념으로 우수 인재 확보에 주력했다. 인재 영입이 어려운 경우에는 회사를 통째로 인수하기도 했고, 영입한 인재들에게는 GE 방식을 배우도록 했다.

2. 성장기: 전문 경영인 체계(사업 다양화)

GE는 초기 60년 동안은 전기 전문 기업 이미지를 구축했다. 하지만 제2차 세계대전을 계기로 복합기업이 되었다. 그러자 GE는 새로운 경영 방식과 조직 구조가 필요하다고 판단하고, '목표관리(MBO: Management by Objectives)'라는 새로운 개념을 받아들여 회사를 여러 개의 생산 부문으로 나누었다.

1950년 CEO를 맡은 랠프 코디너는 새로운 성장 기회를 만들기 위해 모든 사업을 분리한 후 전문 경영인을 양성했다. 그는 전문 경영인의 자격을 '주식 투자자들이 선출한 이사들이 고용한 직원'으로 한정하면서 높은 수준의 경영 도구와 기술을 제공하는 데 초석을 마련했다. GE는 이러한 전문 경영인을 기반으로 지속적인 성장을 추구했고, 다른 기업들이 전문 경영인 제도를 배우고 도입하는 데 자극을 주었다.

1960년 초 CEO로 임명된 프레드 보크는 회사 경영에 새로운 활력을 불어넣기 위해 '성장위원회(Growth Board)'를 구성했다. 그리고 2가지 기준, 즉 시장 기회와 GE의 능력 발휘에 적합하게 경쟁력을 키울 수 있는 분야를 파악하는 임무를 맡아 신사업을 다수 제안했다. 이 제안을 바탕으로 GE는 항공기 엔진, 플라스틱 제품, 금융 서비스, 의료 시스템 등 4가지 영역에서 큰 성공을 거두었고, 현재까지도 GE의 핵심 사업으로 자리 잡고 있다. 그러나 철저한 분석 없이 많은 사업 분야로 확장한 탓에 충분한 경쟁력을 확보하지 못한 영역은 많은 손실을 내고 실패했다.

3. 성숙기: 경영혁신 체계(포트폴리오와 프로세스 혁신)

1968년 프레드 보크가 제안한 혁신적인 전략적 포트폴리오 경영 시스템은 후계자인 레지 존스에 의해 발전되었다. 이 시스템하에 모든 사업은 회사의 전략에 부합되는지 여부를 주기적으로 평가받고, 더 이상 사업성이 없다고 판단될 경우에는 퇴출 대상이 되었다.

1981년 레지 존스의 뒤를 이어 CEO가 된 잭 웰치는 20년간 GE의 전성기를 이끌었다. 그는 사업별 조직 간소화, 식스 시그마, 세션 운영 등 현대적인 경영 기법을 구축하면서 사업 우위를 강화해 나갔다. 취임 초기 그는 모든 분야를 객관적으로 평가하여 사업성이 부족한 수십 개의 사업들을 매각하고, 처분하여 포트폴리오를 정비했다.

그는 인재의 중요성도 소홀히 하지 않았다. 크로톤빌 연수원이 변화를 시도하는 자신에게 큰 도움이 된다고 판단한 그는 최고경영자 과정에서 직접 강의를 하기도 했고, 최고 수준의 교육센터로 만드는 데에도 많은 투자를 아끼지 않았다.

아울러 잭 웰치는 GE가 초우량 기업으로 존속할 수 있도록 경영 전 분야에 걸쳐 혁신적으로 생각하고 체계적으로 일하는 GE식 혁신 방식인 식스 시그마를 추진했다. 그는 식스 시그마를 최우선순위에 놓고 진두지휘를 했으며, 이를 통해 GE를 더욱 강한 기업으로 만들어

나갔다. 또한 세션 운영으로 경영자, 간부, 직원에 대한 경영 성과 및 가치 평가 체계를 구축했다.

이와 함께 자신의 후계자 선정에도 만전을 기했다. 그는 GE에서 오랫동안 커리어를 쌓아 왔으며, 탄탄한 실적을 기록했던 제프리 이멜트(Jeffrey Immelt)를 후임 CEO로 지명했다.

4. 변혁기: 지금까지와 다른 시대에 직면

제프리 이멜트는 2001년 9.11 테러 직전에 잭 웰치로부터 경영권을 이어받았다. 잭 웰치가 물려준 GE의 재정 상태와 기업 이미지는 매우 환상적이었다. 이멜트는 GE의 사업 규모를 더욱 키워 나가겠다는 야심을 가지고 포트폴리오 방식의 평가 체계를 유지하면서도 투자의 초점을 다시 기술 산업 분야로 돌렸다. 그는 잭 웰치로부터 시작된 서비스 산업의 무한한 가능성을 발견하고 식스 시그마를 넘어 e비즈니스를 착수하는 등 기술혁신을 통한 성장을 시도했으며, 이를 위해 제조업의 디지털 트랜스포메이션을 추진했다.

02

GE의 한계 인식과 새로운 혁신의 시작

GE는 미국을 비롯한 전 세계의 산업 표준을 100년 이상 설정하고, 지배해 왔다. 또한 GE가 추진해온 혁신 방법과 사업 전략은 미국 기업은 물론이거니와 글로벌 제조 기업들의 벤치마킹 대상이 되었다. 그런 GE가 최근 몰락의 길을 걷고 있는 것은 아닌지 의구심을 가진 사람들이 많다.

과연 GE는 과거의 화려한 영화를 뒤로 하고 몰락할 것인가 아니면 다시 혁신을 통해 폭풍 성장을 할 것인가? 전 세계의 경영계와 기업을 비롯해 투자자 및 컨설턴트 등 많은 사람들에게 초미의 관심사가 아닐 수 없다. 그렇다면 그동안 GE에는 도대체 무슨 일이 일어났던 걸까?

1. 사업 전환 과제와 경영 여건 악화

GE는 과거와 달리 생산성의 한계에 부딪혔다. 또한 고수익을 내던 사업마저 수익이 하락하고, M&A도 더 이상 성장 전략이 되지 못하는 상황에 빠졌다. 1995년부터 세계적으로 가장 가치가 높은 기업이던 GE는 2010년대 들어 세계적인 가치 기업 Top 10에도 들지 못하는 상황에까지 이르렀다. 잭 웰치가 물러나면서 제프리 이멜트에게 준 미래 준비 과제의 주요 내용은 e비즈니스와 서비스 사업으로의 전환이었다. GE는 2000년대 초반부터 이를 준비하고 대대적인 투자를 했으나, 제조 기업 GE의 매출 중 약 30%가량을 차지하는 금융 사업부(비제조 부문)가 글로벌 경영위기를 거치면서 발목을 잡는 상황에 이르고 말았다.

2. 시대 변화 수용이 더딘 제조업의 특성

잭 웰치는 "변화 이전에 변화하라"고 강조하며 시대의 변화보다 빠른 선제적인 내부 혁신을 추진해 왔다. 제프리 이멜트 역시 선제적인 내부 혁신을 추진했다. 그러나 이는 급속한 디지털 기술 및 시장 환경 변화에 부응하기 위해 기존과 다른 형태의 디지털화된 제조 기업으로 변신해야 하는 도전에 대응하기 위한 것이었다.

특히 서비스업의 디지털화를 주도한 구글, 아마존과 IBM 등의 엄청난 성장과 영향력은 제조 기업 GE로 하여금 위기감을 안겨주기에 충분했다. 이들 기업이 제조업에 진입할 가능성이 높고, 일부 기업은 이미 진입하는 흐름을 보였기 때문이다. 이들 기업은 기존의 디지털화 경험을 바탕으로 새로운 접근을 통해 제조업 분야의 혁신적 제품 및 서비스를 제공할 가능성이 컸다. GE는 전통적인 제조 기업 마인드를 가지고 있었기 때문에 이러한 혁신적인 제품 및 서비스 제공에 더딜 수 있었다. 결국 이로 인해 GE의 경쟁력이 약화될 수 있었다.

3. 4차 산업혁명 시대, GE의 달라진 혁신 방식

GE는 앞서 설명한 이유들로 인해 기존과 다른 형태의 디지털화된 제조 기업으로 변신을 시도하게 된다. 큰 방향은 디지털 혁신 혹은 디지털 트랜스포메이션으로 요약할 수 있다. GE는 인터넷 비즈니스 기업으로의 전환을 선언하고, 그러한 대전환이 없이는 제조 기업의 유지와 성장이 절대 불가능하다는 인식을 조직 내에 전파하고, 이를 구현할 디지털 리더와 소프트웨어 인력의 확충으로 디지털 마인드를 혁신하고자 하였다. 또한 제조업의 아날로그적이고 폐쇄적인 방식에서 벗어나 고객의 요구를 신속하게 확인하고, 스타트업 방식으로 업무 방식을 바꾸는 것도 시도하였다. 이를 위해 GE는 패스트웍스라는 툴을 개발하여 보급하고, 'GE Belief'라는 직원 행동 가이드도 제공하였으며, 업무 방식의 변화에 장애가 되는 기업의 제반 시스템을 바꾸는 것은 물론 제조 기업에 생소한 비즈니스 모델까지 혁신을 시도하게 되었다.

GE의 포트폴리오 재구성과 관련하여 특히 관심을 가지고 보아야 할 부문이 GE 어디티브(GE Additive)와 GE 디지털이다. 이와 함께 최근 GE의 사업화 기본 프로세스를 정리하면 다음과 같이 크게 4가지로 나눌 수 있다.

① 우리가 잘 하고 있는 것을 사업으로 연결한다.
② 사업화가 가능하다고 판단되면 전문가와 전문 기업을 인수한다.
③ GE 내부에서 검증을 실시한다.
④ 내부 검증 후에 외부에 검증과 판매를 시작한다.

다음 도표는 2018년 기준, GE의 사업 현황이다.

GE BUSINESSES
GE Additive
GE Aviation
GE Capital
GE Digital
GE Healthcare
GE Lighting
GE Power
GE Renewable Energy
GE Transportation
Baker Hughes, a GE company
Current powered by GE
Business Innovations
Global Research

자료: GE 홈페이지

GE는 2017년 기준으로 매출 130조 원, 임직원 수 30만 명을 기록했다. 많은 사업부 중 대체로 GE 애비에이션(GE Aviation)과 GE 헬스케어(GE Healthcare)가 캐시 카우(Cash Cow) 역할을 했다. 하지만 일부 사업의 경우, 글로벌 금융위기의 여파(GE Capital 사업)와 시장 트렌드 변화(GE Power 사업)로 경영 실적이 악화되어 미래를 위한 포트폴리오 변화 등에 어려움을 겪었다. 그럼에도 불구하고 GE는 미래를 위한 준비로 잘 하던 것을 사업으로 연결시키는 전략적 선택을 감행했다. 이를 위해 필

요한 회사를 인수하거나 전문가를 영입해 사내의 사업 부문에서 시범적으로 활용했다. GE 어디티브와 GE 디지털이 대표적이다.

GE 어디티브는 약 20년 동안 적층제조 기술을 검토해 이를 2012년 항공기 신형 엔진(Leap Engine)의 연료노즐 개발 때부터 활용하기 시작했다. 2016년 사업부를 신설하고 콘셉트 레이저(Concept Laser)와 알캠(Arcam)을 인수한 후, 내부에서 적용 가능성을 확인해 조만간 의미 있는 성과를 보일 것으로 기대를 모으고 있다.

GE 디지털은 GE 연구소 내 GE 소프트웨어(GE Software)로 출발하여 2015년 사업부로 독립했다. 대표적 제조 사업인 GE 애비에이션의 엔진 유지 및 보수로 시작한 GE 디지털은 2011년 시스코(Cisco) 출신의 빌 루(Bill Ruh)를 영입하면서 사전 준비 작업을 했고, 회사 내 적용을 통해 가능성을 확인한 후 외부 확대를 추진하고 있으나 어려움에 직면해 있는 상황이다.

4. GE의 미래는 어디로 갈 것인가?

최근 GE는 지금까지와는 차원이 다른 혁신을 꾀하고 있다. 고객의 생활 패턴과 추구 가치의 변화, 기술 변화에 부응한 제품 및 제조 프로세스, 비즈니스 모델의 혁명적 변화를 시도하고 있다. 이는 사업 영역과 관련된 산업에서 선도적인 변화를 주도함으로써 생존 가능성을 높이는 혁신이라고 할 수 있다. 이러한 혁신은 미래를 바라보는, 호흡이 긴 혁신이다. GE가 생산하는 비행기 엔진, 발전기 등은 수십 년 동안 사용하는 제품이고, 개발에도 오랜 시간이 걸린다. 따라서 GE의 혁신은 성과를 가늠하는 데 오랜 시간이 필요하다.

또한 GE의 선도적인 투자가 성과로 나타나는 것은 경쟁 기업에 비해 얼마나 우위를 가지는가에도 달려 있지만, 새로운 제조업의 생태계가 GE에게 얼마나 유리하게 구축될 것인가에도 달려 있다. 따라서 GE의 혁신 성과에 대해 단기적인 실적을 바탕으로 경영적 판단을 하는 것은 문제의 여지가 있다고 하겠다. 실제로 기업의 역사는 단기적인 실적 지향으로 인해 장기적으로 미래를 바라보는 혁신 투자의 기회를 놓쳐 몰락한 사례가 다수 존재한다. 물론 장기적으로 미래를 바라보는 잘못된 혁신 투자로 몰락한 기업도 많다. 하지만 장기적인 투자를 단기적인 성과로 판단하는 데에는 조금 더 신중할 필요가 있다.

아울러 GE의 이러한 혁신이 경영 성과가 전체적으로 악화되는 상황에서 추진되었기에 그 결과에 부정적인 견해를 가질 수도 있다. 그러나 방금 말한 것처럼 단기적인 성과로 그들의 혁신에 대해 판단하는 것이 무리라는 것 외에도 추가적으로 고려할 점이 있다. GE는 여러 사업 부문을 가진 복합 대기업(Conglomerates)으로 경영 성과는 여러 사업 부문의 성과가 모여서 나타난다는 것이다. 만약 악화된 경영 성과가 GE가 추진하는 혁신과 직접 관련이 없는 사업 부문 때문에 발생한 것이라면, 혁신의 성과를 GE 전체의 성과와 관련지어 결론을 내리는 것은 무리일 수 있다. 특히 경영 성과 악화의 대표적인 예로 금융 사업 부문을 들 수 있는데, 이에 대해서는 이 책의 관련 부분을 참조하기 바란다.

GE의 미래를 바라볼 때, 우리는 그들의 단기 실적만을 바라보기보다는 새로운 비즈니스 모델을 정립하고, 제품 및 공정 혁신의 독특한 변화를 추구하는 있는 모습에 주목할 필요가 있다. GE가 그리는 미래상은 어떠한 것인지, 이것이 우리에게 주는 시사점은 무엇인지 도출해내는 것이 더욱 중요하다고 생각된다.

2장부터는 GE가 추구하는 구체적인 미래상을 알아보고, 그들이 추진해온 혁신의 궤적과 현재를 이해하는 데 도움이 되는 이야기가 펼쳐질 것이다. 이를 통해 우리 기업이 미래상을 찾는 데 도움이 되는 단초를 발견할 수 있기를 기원한다.

2장

디지털화에
도전하고 있는 GE

01
산업의 디지털화가 부른
무한경쟁의 시대

산업의 디지털화가 성숙해짐에 따라 제조업은 '서비스화', '인터넷화'되어 가고 있다. '서비스화'는 제품 공급 활동 대비 서비스 공급 활동의 비중이 높아지는 것을 의미하고, '인터넷화'는 비즈니스 활동에서 인터넷 매개 활동의 비중이 높아지는 것을 뜻한다.

또한 서비스 기업도 변화되는 제조업 시장에 속속들이 진입하고 있다. '서비스화', '인터넷화'되는 새로운 제조업, 즉 신제조업이라고 칭하는 제조업 시장의 주도권을 두고 경쟁을 벌이고 있는 것이다. 이뿐 아니라 스마트 시티, 농업, 소매업, 운송업, 보건의료, 에너지 산업처럼 제조업과 유사하게 자산의 비중이 높은 산업에서도 디지털화가 진행됨에 따라 모든 분야에서 시장 주도권 경쟁이 벌어지고 있다.

1. 급속히 발전하고 있는 '산업 인터넷 비즈니스'

구글, 페이스북, 아마존 등은 인터넷과 소프트웨어를 활용해 '개별 고객에게 적합한 가치'를 제공하는 인터넷 서비스 기업이다. 이들 기업은 기존 서비스업의 비즈니스에서 인터넷 매개 활동의 비중을 높여 '인터넷화'하거나 새로운 종류의 '인터넷화' 서비스업을 탄생시켰다. 이들 기업은 주로 인터넷으로 연결된 소비자를 상대로 비즈니스를 하는 이른바 '소비자 인터넷 서비스 기업'이라고 할 수 있다. 이를 영어권에서는 '소비자 인터넷 비즈니스'라고 한다. 이들 기업은 20여 년 전만 해도 존재하지 않았지만, 지금은 S&P 500대 기업 가치의 15%를 차지할 정도로 급속히 성장했다.

앞으로 약 20년간 '서비스화' 혹은 '인터넷화'되는 제조업, 운송업, 농업, 보건의료 산업 영역에서 활동하는 인터넷 비즈니스 기업들이 이들 기업을 대체할 것으로 전망된다. 이러한 기업이 종사하는 사업을 영어권에서는 '산업 인터넷 비즈니스'라고 한다. '산업 인터넷'이란 위에 언급한 산업 영역의 사물(Things), 기계, 컴퓨터, 사람을 연결하는 인터넷을 뜻한다. 많은 산업 전문가들은 조만간 이들 '산업 인터넷 비즈니스 기업'이 빠르게 성장해 세계 산업의 성장을 이끌어 갈 것으로 전망하고 있다.

1990년대 중반부터 발전한 서비스업 분야인 '소비자 인터넷 비즈니스'가 '산업 인터넷 비즈니스'와 차별화되는 것은 사물의 중요성이 '산업 인터넷 비즈니스'에 비해 떨어진다고 하는 점이다. 미국 산업인터넷컨소시엄(IIC)은 시스템에서 실제 사물, 기계, 컴퓨터, 사람을 디지털로 표현한 것을 디지털 트윈이라고 칭한다. 따라서 '산업 인터넷 비즈니스'는 '소비자 인터넷 비즈니스'와 달리 디지털 트윈으로 연결된 인터넷의 활용이 중요한 비즈니스라고 할 수 있다.

예를 들면, 넷플릭스는 디지털 트윈의 구현 없이 영화, 쇼 산업 분야의 새로운 비즈니스 모델을 바탕으로 한 소비자 인터넷 비즈니스를 구현하고 있다. 반면 지멘스나 GE는 인터넷을 활용하여 디지털 트윈을 구현하거나 디지털 트윈에 가까운 산업 인터넷 비즈니스를 지향하고 있다.

여기서는 '산업 인터넷 비즈니스'를 가능하게 하는 기술로서 디지털 트윈 기술과 산업용 사물인터넷 기술(IIoT: Industrial Internet of Things)을 논하고, 이 두 가지 기술을 지능화하는 첨단 데이터 분석 기술에 대해 이야기한다. 또한 '산업 인터넷 비즈니스'를 가능케 하는 기술이자, 디지털 트윈과 함께 논의되지만 디지털 트윈과는 다소 다른 적층제조 기술에 대해서도 다룬다.

소비자 인터넷 비즈니스의 출현이 활발해진 것은 고객 정보나 주문 정보 등 서비스와 관련된 구체적인 정보를 인터넷으로 연결된 데이터베이스에 입력하고, 이를 처리하면서 이루어졌다. 즉, 활용할 수 있는 정보가 인터넷으로 연결되면서 비즈니스가 가능했던 것이다. 이에 비해 제조업 분야에서 인터넷 연결이 더뎠던 이유는 비즈니스에 필요한 기계나 부품에 대한 정보를 입력하는 데 한계가 있었기 때문이다.

제조업은 주된 비즈니스 활동인 물건이 만들어지는 과정을 기계가 주로 담당해왔다. 이 과정에서 공장의 기계와 부품은 말이 없고, 정보를 제한적으로 산출했다. 생산의 주요 주체인 기계나 부품이 자신의 상황을 인터넷에 연결된 데이터베이스로 보내는 데 제약이 따랐던 것이다. 또한 인터넷으로 연결된 데이터베이스에 생산 관련 정보를 입력해도 그것이 고객가치를 창출할 만한 비즈니스 기회를 제공하지도 못했다.

하지만 디지털 기술의 급속한 발전은 기계와 부품에 소프트웨어와 반도체 부품 비중을 높였고, 여기에 센서(IoT)가 연결되면서 기계와 부품 상태의 센싱이 가능하게 되었다. 그리고 센싱된 상태를 엣지컴퓨팅 디바이스나 클라우드에 데이터로 전달하고, 이를 분석하면 기계와 부품의 상태를 해석할 수 있게 되었다.

또한 수집된 데이터를 분석하여 얻어낸 정보로 기계나 엣지컴퓨팅 디바이스, 클라우드가 상태를 판단하고 자율적으로 대응하는 것도 가능해졌다. 센서가 부착된 부품이 제품으로 조립되어 기업 고객에게 공급되면, 기업 고객이 사용하는 제품의 센서로부터 데이터를 수집해 그들에게 제품의 사용을 돕거나 관리해주는 서비스를 제공하는 것이 가능하게 된 것이다.

2. 하이 임팩트 기술의 등장

그렇다면 이를 가능케 한 기술은 어떤 것일까? 이에 대해 알아보자.

★디지털 트윈

디지털 트윈은 한마디로 실제 존재하는 물건에 대해 디지털 공간상의 쌍둥이를 구현하는 기술이다. 미국 산업인터넷컨소시엄의 디지털 트랜스포메이션 백서에 따르면, 디지털 트윈은 시스템상 실제하는 실체를 디지털로 나타낸 것(a digital representation of a real-world entity of system)을 의미한다. 여기서 실체는 자산(Asset), 프로세스 및 시스템을 말한다. 실제하는 실체를 디지털 쌍둥이와 같은 존재로 나타낸다는 것은 실제하는 것을 실시간에 가깝게 디지털로 나타낸다는 것을 포함한다. 실제하는 실체를 디지털로 나타내는 것은 시각적으로 나타내는 것에 머무르는 단순한 형태일 수도 있고, 실체 내부의 물리적 모델을 바탕으로 데이터를 분석하여 향후 일어날 일까지 예측하는 것을 디지털로 나타내는 형태일 수도 있다.

복잡한 형태의 디지털 트윈은, 실물 기계와 똑같은 모습으로 해당 기계의 모든 정보와 데이터를 가지고 있는 디지털 트윈이다. 이러한 디지털 트윈은 현재 상황을 분석해 미래의 생산 관련 시뮬레이션까지 가능하게 하고, 사이버 공간에서 결정된 것을 실시간으로 기계를 움직여 생산하게 한다. 그리고 이를 바탕으로 실물 기계와 사이버 공간 상의 디지털 트윈 간에 자율 분석과 대응도 가능하게 한다.

복잡한 형태의 디지털 트윈은 아이디어 창출 및 디자인, 프로토타입 창출, 제조, 제조 후 현장에서 고객이 사용하는 제품의 외형은 물론, 내부 구조 모델까지도 사이버 공간에서 구현한다. 기존의 가상현실보다 더 넓은 범위의 사물, 기계, 컴퓨터, 사람의 가상현실을 사이버 공간에서 구현할 수 있는 것이다. 이 때문에 연구개발 부서는 개발 중에 있는 제품과 관련된 제조, 즉 마케팅 부서와 고객 간의 수평적 소통을 통해 개발 과정에 있는 제품의 문제점과 제조 후 고객의 사용상 문제점을 미리, 그리고 보다 깊이 확인하고 소통할 기회를 가질 수 있다. 이런 점에서 디지털 트윈은 고객 중심의 '수평적 소통과 통합'을 촉진하여 혁신 스피드를 높이는 기술이라고도 할 수 있다.

복잡한 형태의 디지털 트윈에 포함되는 정보는 여러 데이터 카테고리의 결합으로 구성되는데, 예를 들면 물리적 모델, 데이터 분석 모델, 타임 시리즈 데이터와 역사, 거래 데이터, 마스터 데이터, 시각적 모델 및 연산(Computations) 등이 그것이다. 따라서 복잡한 형태의 디지털 트윈에 분석 모델이 포함되어 있다는 것은 데이터 분석 기술(Analytics, AI) 등을 포함한다는 것을 의미한다.

★ 사물에 피부와 분석 기능을 제공하는 산업사물인터넷

이제 산업용 사물인터넷에 대해 알아보자. 미국 산업인터넷컨소시엄에 따르면, 산업 인터넷이란 '변혁적인 비즈니스 결과를 가져오고, 지능적인(첨단 데이터 분석을 통한) 산업 활동 운영(Operations)을 가능하게 하는 사물, 기계, 컴퓨터, 사람을 연결하는 인터넷'(internet of things, machines, computers and people, enabling intelligent industrial operations using advanced data analytics for transformational business outcomes)을 의미한다.

산업용 사물인터넷이 적용되는 구체적인 사용 시나리오를 들면 다음과 같다. 제조업에서 판매하는 제품과 공장의 기계에 센서를 붙이면, 해당 센서로부터 나오는 진동, 소음, 열, 압력 등의 데이터가 실시간으로 인터넷 통신 등을 통해 엣지컴퓨팅 디바이스나 클라우드로 보내진다. 이때 보내지는 데이터는 천문학적으로 많은 용량의 컴퓨터가 있어야 처리가 가능한 대용량으로서 '빅데이터'라고 불린다. 이러한 빅데이터를 활용하면 진동이 일어난 횟수나 크기 등 이상 상황을 분석하여 생산 중인 제품의 불량을 잡아내고, 이미 고객이 사용하고 있는 제품의 고장 가능성을 미리 예측하여 서비스를 제공할 수 있다. 궁극적으로 사물, 기계, 컴퓨터, 사람을 연결하는 인터넷을 이용해 생산 중인 제품의 불량을 잡아내는 지능적인 품질관리와 고객이 사용 중인 제품에 필요한 서비스(예: 고장 날 가능성을 미리 예측하여 서비스를 제공하는 지능적인 서비스) 제공이 가능해지는 것이다.

과거에는 이러한 빅데이터를 보내고 저장하고 분석하는 것이 불가능했다. 그러나 이제는 데이터 분석 기술의 발전과 이를 처리하는 컴퓨팅 파워, 데이터 통신 및 저장과 관련된 밴드위드(Bandwith) 기술 등이 빠른 속도로 발전하여 이것이 가능해졌다. 이전에는 기계의 상태를 알 수 없었으나 이제는 기계에 센싱이 가능한 감각 기능과 분석 기능이 생겼다고 할 수 있다. 이러한 점에서 산업용 사물인터넷은 데이터 분석 혹은 AI 기술 활용을 포함한다고 할 수 있다. 이에 대해 좀 더 자세히 살펴보면 다음과 같다.

★ 피부 신호를 말로 번역하는 첨단 데이터 분석 기술
GE의 경우, 비행기 엔진에서 실시간으로 보내지는 방대한 신호를 분석하여 엔진이 어떻게 사용되는지, 언제 예지 정비를 해야 되는지를 미리 파악해 해당 부분의 서비스를 제공하고 있다. 이 기술을 활용하면 고객이 성공적(가치부가, 고효율, 저비용 등)으로 제품을 사용하고 있는지 여부를 파악할 수 있고, 이를 통해 기업은 경쟁우위를 확보할 수 있다.

여기에는 첨단 데이터 분석 기술이 적용된다. 데이터 분석(Data Analytic) 기술은 데이터를 유용한 정보로 분석하는 기술이다. AI 기술은 데이터 분석을 인터넷으로 연결된 데이터 분석 알고리즘(Data Analytic Algorithm)으로 자동화하는 것이다. 넓은 의미에서 데이터 분석을 자동화하여 분석자 없이도 분석을 가능하게 하는 기술이라고 할 수 있다.

★ 개별 고객이 원하는 제품을 생산하는 적층제조 기술

디지털 트윈을 논할 때 함께 포함되어 논의되기도 하지만 디지털 트윈과는 분명히 다른 적층제조 기술에 대해 살펴보자. 디지털 트윈이 실제하는 실체를 사이버 공간에서 디지털로 나타내는 것이라고 한다면, 적층제조 기술은 사이버 공간에서 디지털로 나타낸 실체를 실제하는 실체로 구현한다고 할 수 있다. 적층제조 기술(Additive Manufacturing)은 디지털로 된 3차원 실체를 원재료의 층을 쌓는 방식을 통해서 실제 물건을 만들어내는 기술이다. 사용되는 소재는 용액, 파우더, 플라스틱, 폴리머, 금속, 세라믹 등이다. 적층제조 기술은 다음과 같은 4가지 특징을 지닌다.

첫째, 개별 고객이 원하는 제품을 생산할 수 있다는 것이다. 적층제조 기술이 인터넷과 연결되면 개별 고객이 원하는 제품 디자인을 주문받아 비트데이터(bit data)별로 3D 프린터에 전송하여 실물을 만드는 것이 가능해진다. 따라서 각 고객별로 디자인이 다른 제품을 생산하여 경제적인 원가에 공급할 수 있다. 과거에는 개발 제품의 수요 물량이 적으면 이를 반기지 않았다. 특정 디자인을 생산하려면 수백만 원에서 수억 원을 들여 금형을 만들고, 생산 설비, 지그(Jig), 공구, 소재 등에 대한 투자로 경제성이 없기 때문이었다.

그러나 적층제조 기술을 활용하면 금형 등이 필요 없기 때문에 1개를 만들거나 여러 개를 만들거나 단위당 원가가 거의 같다. 4차 산업혁명기 기업의 특징을 '고객의 개별화된 경험 또는 결과'의 가치를 담보하는 제품과 서비스 제공이라고 할 때, 이에 부합하도록 각 고객에게 맞춤화되고 개별화된 제품을 제공하는 기술이 바로 적층제조 기술인 것이다.

이는 인터넷으로 연결된 사이버 공간에 존재하는 제품(디지털 트윈 혹은 디지털 트윈에 가까운 어떤 것) 디자인을 바로 '프린트하는 방식'으로 생산하기 때문에, 인터넷으로 연결된 서비스와 결합된 방식의 '새로운 비즈니스 모델'에 의한 생산을 가능하게 한다. 대표적인 예가 온라인 주문에 의해 개별 고객 맞춤형 제품을 공급하는 온라인 비즈니스 모델이다. 따라서 적층제조 기술을 활용하면 제품 공급과 온라인 서비스를 결합하는 비즈니스 모델이 가능하다.

둘째, 공정과 공급망을 단순화할 수 있다. 적층제조 기술은 복잡한 디자인의 부품을 1부품 1공정으로 처리하는 것을 가능하게 하여 대부분의 과정을 생략함에 따라 공급망을 단순하게 할 수 있다.

셋째, 복수 모드 공장이 가능하다. 적층제조 기술은 1대의 설비로 다양한 제품을 바로 생산할 수 있기 때문에 산업 분야를 넘어서는 복수 모드 공장(Multi Modal Factory)을 가능하게 한다. 자동차 부품용 금속 3D 프린터를 의료기기용 부품 제작에도 사용하는 자동차 공장을 예로 들 수 있다.

넷째, 혁신의 속도를 높일 수 있다. 최근 적층제조 기술은 설계 후 제조 단계 이전에 시제품용(프로토타이핑용)으로 사용되던 것을 넘어 아이디어 창출 단계, 개념 창출 단계, 디자인 단계, 프로토타이핑 단계, 제조 단계, 마케팅 단계 등 전 단계에 걸쳐 적용이 확대되고 있다. 이러한 점 때문에 연구개발 부서는 개발 중에 있는 제품과 관련된 제조 과정에서, 마케팅 부서는 고객과의 수평적 소통을 통해 개발 과정에 있는 제품의 제조와 제조 후 사용상 문제점을 보다 깊이, 미리 확인하고 소통할 기회를 가질 수 있다. 이러한 점은 고객 중심의 '수평적 소통과 통합'을 촉진하여 혁신의 속도를 높이는 기술이라는 점에서 디지털 트윈 기술과 유사하다. 다른 점이라면 디지털 트윈 기술이 사이버 공간에서 실체 디자인을 구현하는 기술이라고 한다면, 적층제조 기술은 실제 공간에서 실체 디자인을 구현하는 기술이라는 점이다.

★ 네 가지 기술을 도와주는 그밖의 기술

위에서 설명한 네 가지 기술은 이것들을 도와주는 다른 기술들과 결합해야 활용도가 높아지고 확대될 수 있다. 특히 적층제조 기술은 로봇, CNC 공작기계 등 자동화 기술과 결합해서, 즉 적층제조 방식의 이점과 기존 자동화 생산 방식의 이점을 결합해 다양한 하이브리드 제조 방식을 구현할 것으로 보인다. 따라서 이러한 자동화 기술은 적층제조 방식의 영향력을 강화시키는 보완적인 기술로서 중요한 역할을 할 것으로 보인다.

AR, VR, 시뮬레이션 기술은 디지털 트윈 기술, 데이터 분석 기술과 보완적으로 활용되는 기술이다. 아울러 클라우드 컴퓨팅과 통신 인프라 기술은 앞서 말한 여러 가지 기술들이 인터넷으로 연결되어 작동하는 데 보완적인 환경을 제공해주는 기술이다. 또한 블록체인 기술은 분산 컴퓨팅, P2P 거래 등의 활성화를 위한 산업 인터넷 연결망의 신뢰성(예: 데이터 위변조 방지 기술)을 높이는 기술이다.

3. '산업 인터넷 비즈니스'의 기회가 넓어지고 있다

2010년대 들어 휴대폰은 사회와 경제, 비즈니스에 큰 지각변동을 불러왔다. 휴대폰으로 무장한 고객들은 자신들의 다양한 니즈를 표출하고, 기업들은 이런 변화와 고객들의 제품에 대한 경험이 어떠했는지를 파악하기 위해 많은 노력과 비용을 들이게 되었다. 최근 고객들의 다양한 니즈에 따라 맞춤형 솔루션에 대한 수요가 크게 늘어나고 있다. 따라서 고객 니즈가 생겼을 때 즉시 연결 가능한 상황을 만들어낸 후 고객가치와의 연결점을 찾아내는 것이 무엇보다 중요해졌다.

또한 유통업체는 온라인 접근을 통해 거의 실시간으로 정보를 공유하고, 판매 데이터 및 고객의 사용 후기 등을 실시간 모니터링하는 것이 가능해졌다. 따라서 고객으로부터 실시간 입수되는 데이터와 정보를 바탕으로 새로운 서비스와 비즈니스를 펼쳐나갈 수 있는 기회가 확대되고 있다.

하지만 제조업체는 이러한 변화에 느리게 반응하고 있다. 이에 제대로 대응하기 위해서는 소프트웨어와 서비스 및 인터넷 감각을 키울 필요가 있다. 갈수록 많은 제조업 제품에서 반도체의 비중이 커지고 있는 추세다. 그럴수록 소프트웨어의 중요성은 커질 수밖에 없다.

최근 들어 구글 등 IT 및 소프트웨어 관련 업체들이 스피커와 휴대폰 사업을 비롯해 반도체 제조업에까지 진출했다. 이 기업들은 제조현장에서 하드웨어 기술을 활용하여 데이터를 대량으로 추출하고 활용함으로써 새로운 가치를 창조하는 비즈니스를 본격적으로 찾고 있다. 이러한 상황에서 GE는 IBM, SAP 및 빅데이터를 기반으로 한 스타트업 기업들이 고객사에 자신들이 판매한 장비에서 추출한 데이터를 분석해 서비스를 제공하는 상황에 직면하게 되었다.

IMB의 사업 중 Smarter Planet Initiative 2008은 연결된 디바이스와 산업 장비에서 추출한 데이터를 분석해 고객에게 보다 나은 서비스를 제공하는 프로그램으로, GE의 에너지 사업 영역을 침범하고 있다. 이에 대응하지 않을 경우, GE는 자신들의 장비를 활용해 IBM이 부가가치를 창출하는 것을 눈 뜨고 쳐다볼 수밖에 없다. 또한 구글이 IoT 회사인 네스트(Nest)를 인수한 것은 하드웨어 비즈니스로의 진출을 의미하는 것으로서, GE와 잠재적 경쟁 관계로 갈 수도 있음을 뜻한다.

이들 기업에 주도권을 빼앗긴다면 하드웨어 기업인 GE는 하청업체로 전락할 수도 있다. 제조업에 진출한 애플과 같은 IT 및 소프트웨어 기업이 정보통신 기술을 활용한 새로운 비즈니스 모델을 바탕으로 혁신적 제품과 서비스를 내놓을 경우에는 이들과의 경쟁에서 패배할 가능성이 높다. 이에 대해 2015년 프랑크푸르트 모터쇼에서 메르세데스-벤츠의 디터 제체 CEO는 애플이나 구글의 자동차 업계로의 진입 가능성에 대한 위기의식을 "We do not plan to become the Foxconn of Apple"이라는 말로 표현하기도 했다.

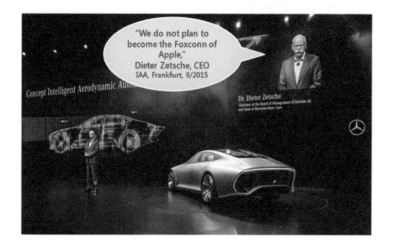

이와 마찬가지로 제프리 이멜트도 2017년에 이미 GE의 변신에 대해 다음과 같이 언급한 바 있다.

"나는 6,000일 동안 30만 명의 팀을 이끌었다. 나는 적어도 3개의 블랙 스완을 보았다. 새로운 경쟁자의 출현, 비즈니스 모델의 변화, 우리 회사의 전혀 새로운 방법의 투자가 바로 그것이다."

그의 이 발언은 기존에 경쟁자로 간주하지 않았던 기업군의 출현과 비즈니스 모델의 변화, 즉 소프트웨어 기업들이 경쟁자로서 출현하는 것에 대한 위기의식을 함축적으로 표현하고 있다고 볼 수 있다.

4. 전통적인 전략의 한계에 직면한 GE

세계 경제는 1994~2004년에 비해 2005~2015년까지 생산성의 증가폭이 둔화되었다. 2016년 11월 '마인드&머신즈(Mind&Machines) 컨퍼런스'에서 이멜트가 발표한 자료에 따르면, 1996~2005년까지는 생산성의 증가율이 3%인 반면, 2011~2015년까지는 0.5%에 불과한 것으로 나타났다. 이 기간 동안의 성장이 인터넷과 컴퓨터의 발전에 의한 것으로 경제학자들은 파악하고 있다. 2016년 로트먼은 진보정책연구원(Progressive Policy Institute in Washington D.C.)의 경제학자인 맨델(Mandel)과의 인터뷰를 인용해, 미국의 경제성장률이 10여 년 전에 비해 낮아진 이유를 제조업 및 보건과 같은 하드웨어 산업의 성장률이 0.9%로 낮아졌기 때문으로 보았다. 반면 금융이나 서비스 부문 같은 디지털 산업의 증가율은 2.8%로 높았다고 밝혔다.

또한 로트먼은 맨델과 시카고 경영대학원의 경제학자인 시버슨

(Syverson)의 인터뷰를 통해 디지털 기술이 이 분야에 적용됨에 따라 생산성 향상이 기대된다고 밝혔다. 아울러《제2의 기계 시대》저자인 에릭 브린욜프슨은 과거에 커다란 기술 발전이 지난 몇 년간 있었지만, 변화를 이루는 것은 어렵고 시간이 걸린다고 주장했다. 그리고 이러한 변화는 사소한 것이 아니라며 기업들은 고군분투를 하고 있다고 밝혔다.

이러한 배경하에서 제조업에 종사하는 GE는 2000년대에 낮은 생산성을 경험했다. 그리고 주요 수입원인 금융 수입이 2008년 금융위기로 줄어들고, 투자 대상이 되는 비금융 관련 다각화 산업의 성장도 한계에 봉착했다. 그러자 GE는 제조업, 헬스케어 등 지금까지 생산성 향상이 더딘 산업이 디지털화로 인해 새롭게 발전할 것으로 판단하고, 디지털화를 적극적으로 추진하는 산업 인터넷 이니셔티브(Industrial Internet Initiative)를 추진하게 되었다.

02
새로운 기회를 포착한 GE의 도전

GE는 초대형 다국적 기업 가운데 기술혁신을 통한 성장을 가장 중요한 전략 축으로 표명한 보기 드문 전통적 제조 기업이다. 2017년 제프리 이멜트는 자신의 재임 기간 목표로 21세기에 가장 가치 있는 기술 중심의 제조 기업이 되기 위해 연구개발에 2배를 더 투자하고, GE의 생산성을 올리며, 고객사의 생산성 향상에도 기여하겠다고 밝혔다. 초대형 다국적 기업 가운데 기술혁신을 통한 성장을 가장 중요한 축으로 표명한 기업으로는 소프트웨어 기반의 애플, 구글 등이 있다.

그러나 입수 가능한 책이나 기타 문서 형태의 경영 사례 가운데 GE 같은 초대형 다국적 기업이 기술혁신을 성장 전략의 주요 축으로 강조한 사례는 찾아보기가 힘들다. 기업의 성장에는 기술혁신 외에도 금융 투자, M&A, 마케팅의 혁신, 조직 혁신, 제품과 서비스 혁신, 생산 효율화 등 여러 요소가 영향을 미친다. 이 중에서 특정 요소를 강조하는 것은 성장 전략이 한쪽으로 편향되는 문제점을 가져올 수 있다. 이런 점에서 보면 GE는 전통적인 제조 기업 가운데 기술혁신을 통한 성장 전략을 추구하는 매우 드문 기업이 되었다고 할 수 있다.

또한 잭 웰치의 GE가 M&A와 효율화를 통한 성장을 추구한 반면, 제프리 이멜트의 GE는 연구개발과 기술혁신에 의한 유기적인 성장을 추구했다는 점에서 차별화가 된다. 이멜트는 기술혁신을 통한 성장을 유기적 성장(Organic Growth)이라고 표현했다. 특히 2011년부터 추구한 산업 인터넷 이니셔티브는 그의 기술혁신을 통한 유기적 성장 전략이라는 기조를 반영한 것으로 보여진다. 그리고 GE의 이러한 기술혁신을 통한 성장 추구는 많은 사업 영역에서 디지털화가 진전됨에 따라 드러나는 자신들의 새로운 강점 분야에 주목하면서 모색되었다.

GE 애비에이션 사업부를 예로 들어보자. GE 애비에이션은 항공기 제작 업체에 고가의 엔진을 공급하는 회사로, 궁극적인 고객은 항공사다. GE 애비에이션은 항공사들이 엔진에서 추출되는 여러 데이터의 분석과 처리를 GE에 요청하지 않고 IBM이나 SAP 등과 같은 빅데이터 전문 기업에 맡기는 것을 발견했다. 항공기 엔진은 GE가 만들지만 정작 거기서 나오는 데이터 분석 작업은 다른 기업이 담당한 것이다.

빅데이터 전문 기업은 데이터 분석 테크닉을 적용할 수는 있지만 데이터 분석 결과의 해석에 필요한 엔진 및 항공기 분야 지식(Domain Knowledge)이 없기 때문에 분석에 한계가 있다. GE는 자신들이 이러한 업체들의 일을 수행한다면 새로운 영역, 즉 데이터 분석 서비스 영역에서 최강의 강점을 가진 기업이 될 수 있다는 데 주목했고, 기술혁신을 통해 유기적 성장 기회를 확보하는 데 나서게 된다.

사실 소프트웨어 전문 기업은 데이터 분석에 분명한 한계가 있다. 하드웨어 지식이 없기 때문이다. 따라서 소프트웨어 회사들이 하는 일까지 GE가 한다면 경쟁우위를 가질 수 있고, 이를 활용하면 혁신을 통한 성장이 가능하다는 판단을 GE는 하게 되었다. 그 결과, GE는 2011년부터 디지털화를 활용한 제품 및 비즈니스 모델 혁신을 추구한다. 이는 이전부터 GE가 추진해온 기술혁신을 통한 유기적 성장을 강조해온 이멜트식 접근의 연장선상에서 추진되었다고 볼 수 있다.

1. 새로운 기회 포착의 배경

기술혁신을 통한 성장을 추구함에 있어 GE는 선도적으로 디지털 트랜스포메이션을 경험한 서비스 업종 기업에서 새로운 모델을 찾았다. 1990년대에 서비스 업종은 전자상거래의 출현과 같은 디지털화와 새로운 비즈니스 모델의 구현이 이루어지는 디지털 트랜스포메이션을 이미 경험한 바 있다. GE는 바로 거기서 혁신의 추진 모델을 찾았다. 대표적인 기업이 아마존이다. 아마존의 경우, 고객 데이터를 클라우드에 보관하고, 이를 바탕으로 고객이 원하는 것을 제공한다. 이것은 소비자를 대상으로 한 비즈니스였다.

반면 GE와 같은 중공업 분야의 산업재는 고객사를 대상으로 하고, 데이터의 크기도 크고 복잡하다. 아마존의 일반 소비자와는 달리 고객사의 데이터를 수집하려고 해도 그 수가 적을 뿐만 아니라 수집 가능한 정보도 한계가 있다. 고객사에 데이터 협조를 요청하는 것은 어려운 반면, 고객사에 공급하는 제품에서 자동적으로 데이터가 흘러들어오게 하는 것은 가능하다. 이는 고객사에게 공급하는 엔진이나 가스터빈 등에 센서를 달아 데이터가 자동적으로 모이게 하는 것을 뜻한다. 그러면 고객사에 있는 기계와 부품들이 GE의 컴퓨터나 클라우드에 데이터를 자동으로 입력하는 것과 같은 효과를 내게 된다. 이렇게 되면 모인 데이터를 분석하여 고객의 문제를 해결하는 맞춤형 서비스 제공이 가능해진다.

이렇게 보았을 때 산업 인터넷 비즈니스는 소비자 인터넷 비즈니스의 창조적 모방에서 나온 것이라고 해도 과언이 아니다. 이를 위해 GE는 시스코에서 부사장으로 '첨단 서비스 및 솔루션(Advanced Services and Solutions)' 개발을 담당했던 빌 루를 영입한다. 고객에게 원하는 것을 제공하기 위해 제조 기업 입장에서는 기존 서비스 기업의 인터넷을 활용한 서비스를 모방하는 것도 물론 중요하다. 하지만 그와 함께 인터넷 연결 환경에서, 기존 서비스 기업에 존재하지 않았던 '물건을 만들어 공급'하면서 서비스를 제공하는 것도 중요하다. 이런 판단 아래 GE는 제조업의 데이터 중심 서비스화를 추구하는 산업용 사물인터넷과 개별 고객의 요구에 맞춘 제품 공급을 가능하게 하는 적층제조(3D 프린팅) 기술에 적극적으로 뛰어들게 된다.

2. 제조 인터넷 비즈니스 추진 시작과 창조적 모방

필자들이 보기에 GE가 제조 인터넷 비즈니스 분야로 진출하는 데 있어 '소비자 인터넷 비즈니스' 기업들의 정보를 응용한 '창조적 모방'은 탁월한 선택으로 보인다. 그 외에도 GE는 여러 가지 모방을 통해 다양한 변화를 꾀하게 된다. 이를 위해 먼저 소비자 인터넷 비즈니스 기업이 제조 인터넷 비즈니스 기업에게 주는 시사점에 대해 알아보도록 하자.

〈소비자 인터넷 비즈니스 기업이 제조 인터넷 비즈니스에 주는 시사점〉

소비자 인터넷 비즈니스 기업	제조 인터넷 비즈니스에 대한 시사점
고객과 인터넷 네트워크로 실시간 연결.	고객사가 내부 정보 유출을 우려하지 않는다면 인터넷 네트워크로 실시간 연결.
제품이 아닌 플랫폼으로 경쟁함. 주로 정보 플랫폼을 바탕으로 경쟁하며, 이를 바탕으로 기업 내부와 고객사의 소통으로 가치 창조.	제품이 아닌 플랫폼으로 경쟁할 가능성 높아짐. 플랫폼을 바탕으로 기업 내부와 고객사의 소통으로 가치 창조 가능성이 높아짐.
데이터를 자산으로 활용. 데이터를 가공한 정보를 활용하지만, 소비자 고객이 직접 제공하는 정보를 자산으로 활용.	데이터를 자산으로 활용. 데이터를 가공한 정보 활용의 중요성이 소비자 인터넷 비즈니스보다 크게 요구되고, 데이터 처리 용량도 비교할 수 없을 정도로 높은 수준. 고객사가 직접 제공하는 정보는 소비자 인터넷 비즈니스에 비해 제한적.
빠른 실험으로 혁신함. 디지털 기술이 적용됨에 따라 속도가 빨라짐.	빠른 실험으로 혁신함. 디지털 기술이 적용됨에 따라 속도가 빨라짐.
인터넷에 연결된 고객 중심적으로 '고객가치 명제'를 다시 쓰고 진화시켜 나감. 그 핵심은 '고객의 실시간 욕구와 상황'에 맞춰 새로운 경험을 제공하거나 기존 경험을 개선하는 가치와 솔루션 제공.	인터넷에 연결된 고객사를 중심으로 '고객가치 명제'를 다시 쓰고 진화시켜 나감. 그 핵심은 '고객 실시간 욕구와 상황'에 맞춘 고객사의 자사 제품 활용을 통한 새로운 실행, 보다 나은 실행 실현 제공.

자료: Rogers, 2017

이와 같은 맥락에서 GE의 변화를 정리하면 다음과 같다.

〈소비자 인터넷 비즈니스 기업의 시사점과 GE의 변화〉

소비자 인터넷 비즈니스 기업의 시사점	GE의 변화
고객사가 내부 정보 유출을 우려하면 쉽지 않은 바 이를 해결할 대안 필요. 인터넷 네트워크로 실시간 연결.	고객사에 제공하는 제품에 센서를 부착해 인터넷으로 실시간 제품 모니터링을 가능하게 함.
제품이 아닌 플랫폼으로 경쟁할 가능성 높아짐. 플랫폼을 바탕으로 기업 내부와 고객사가 소통해 가치 창조의 가능성이 높아짐.	자사 제품이 프리딕스 OS(Predix OS)와 호환되고 연결될 수 있도록 만들고, 이를 바탕으로 자사 제품의 예지 정비와 자사 제품 관리 앱 혹은 서비스를 제공하는 체제를 갖춤. 또한 고객사들이 그들의 고객으로부터 흘러들어오는 데이터를 바탕으로 서비스를 해나갈 수 있도록 플랫폼을 제공함.
정보뿐 아니라 데이터를 일정한 처리를 통해 자산으로 활용. 특히 고객사에 판매한 제품에서 나오는 데이터를 자산으로 활용.	고객사에 판매한 제품에서 나오는 데이터를 자산화함. 제트엔진의 경우에 실시간으로 운항되는 약 2,200대의 비행기에서 약 11페타바이트 용량의 정보를 받아 예지 정비 분석 자원으로 활용.
빠른 실험으로 혁신함. 디지털 기술이 적용됨에 따라 속도가 빨라짐.	패스트웍스 등의 톱다운 혁신 도구, GE Belief 등의 보텀업 직원 행동 가이드를 통해 전사적으로 빠르고 혁신적인 제품 및 서비스 혁신 체제를 갖춤.
인터넷에 연결된 고객사 중심으로 '고객가치 명제'를 다시 쓰고 진화시켜 나감. 그 핵심은 '고객 실시간 욕구와 상황'에 맞춘 고객사의 자사 제품 활용을 통한 새로운 실행, 보다 나은 실행 실현 제공.	판매하는 제품의 고객가치 명제를 '가격 대비 우수한 품질의 제품'에서 '무고장/제품을 효과적으로 사용하게 도와주기'와 '고객사의 성과(Outcome) 올리기'로 바꿈.

자료: GE five keys to digital transformation
(https://www.ge.com/digital/blog/you-can-t-outsource-digital-transformation)

3. 인터넷 비즈니스 모델화의 진통

　제조 인터넷 비즈니스 모델의 출발은 GE 내부 상황상 소프트웨어 시스템을 종합적으로 정리하여야 할 필요성을 자각하면서 이루어졌다. 그러나 점차 진행되면서 거대한 도전에 직면하고 이를 극복하기 위한 진통이 나타나게 되었다. 그동안 GE가 만든 솔루션은 많았지만 소프트웨어 간 시너지도 존재하지 않았고, 중복된 부분도 많았다. 이에 대해 하버드대의 카림 라카니 교수 등은 "GE는 2010년경 5,000명이 넘는 소프트웨어 엔지니어를 고용하고 있었고, 소프트웨어로부터 얻는 수입이 250억 달러에 이르고 있었다. 그런데 이들의 기술적 선택이나 상업적 제공을 가이드하는 전략이 없었다. 각 사업부는 현장 여건에 맞는 최적화된 소프트웨어를 선택하고, 기술 및 상업적 성공에서 커다란 이질성을 갖고 있었다"라고 기술했다.

　이를 해결하는 방법은 소프트웨어를 모듈화하고, 공통된 아키텍처를 바탕으로 만드는 것이었다. 최근 소프트웨어 솔루션이 온라인 플랫폼을 바탕으로 이루어지는 점을 감안하면 이러한 아키텍처를 온라인 플랫폼과 연결해 운영하는 것이 가능하다. 여기까지는 선도적인 제조 기업이라면 쉽게 도달할 수 있는 결론이다. 여기서 플랫폼화에까지 생각이 미치면, 새로운 비즈니스 모델 가능성도 생각해 볼 수 있다.

그런데 GE 입장에서 인터넷 비즈니스 모델화를 추진하는 것은 매우 위험한 발상이다. 제조 기업으로서의 정체성을 흔드는 것이기 때문이다. 하지만 소프트웨어를 활용해 인터넷 비즈니스 모델을 추구하는 것이 GE의 경쟁우위를 약화시킬 것이라고 단언할 수는 없다. GE의 제조 관련 지식에다 소프트웨어 지식을 융합하여 비즈니스 범위를 확장한다면 오히려 기존의 강점을 살려 경쟁우위를 강화시킬 수도 있다.

과거에 제프리 이멜트는 내부에서 인터넷 비즈니스화에 대한 건의가 나온 후 약 6개월가량 고민을 했다고 밝힌 바 있다. 이는 GE가 제조업에서 인터넷 비즈니스화로 전환하는 것을 얼마나 어렵고 위험한 것으로 인식했는가를 잘 보여준다.

그렇다면 GE의 산업 인터넷 비즈니스는 어떤 형태일까?

소비자 인터넷 비즈니스는 고객과 인터넷으로 실시간 연결된 비즈니스다. 소비자는 주문 과정에서 자신의 정보를 제공할 뿐만 아니라 제품 관련 정보를 공유하는 SNS 망을 통해서도 자신의 정보를 제공한다. 제조업은 이것이 쉽지 않다. 고객사가 정보 제공을 꺼리기 때문이다. 그래서 제조업의 경우에는 고객사로부터 정보를 받기보다 고객에게 판매한 제품에서 데이터를 직접 받는 접근을 취한다. 하지만 고객사는 이러한 데이터 제공 역시 꺼린다. 이를 해결하는 방법은 고객사가 제공한 데이터가 자사의 이익에 도움이 되게 하는 것이다. 인터넷으로 연결된 제품으로부터 데이터를 받고 분석하여 고객의 성과에 보탬이 되는 서비스를 제공할 수 있다면 협조를 얻을 수 있다.

아마존, 구글, 페이스북 등 소비자 인터넷 비즈니스 기업들은 대부분이 플랫폼을 바탕으로 경쟁한다. 이들의 플랫폼은 소비자들이 정보를 제공하고, 공유한다. GE는 이를 벤치마킹해 고객사로부터 흘러들어오는 데이터를 수집하고, 분석해 활용하는 플랫폼으로 프리딕스(Predix)를 운영한다. GE는 자사의 가스터빈, 풍력 발전기 등의 제품이 프리딕스 OS와 호환되고, 연결되도록 했다. 이를 바탕으로 자사 제품의 예지 정비와 서비스가 가능하도록 하는 것은 물론, 고객사가 그들의 고객에게 들어오는 데이터를 통해 더 나은 서비스를 제공할 수 있는 체제까지 갖추고자 하였다.

4. 데이터 자산화의 핵심은 모델링

제조 인터넷 비즈니스 모델과 소비자 인터넷 비즈니스 모델의 차이점은 여러 가지가 있다. 그중 대표적인 것으로 규모가 크고 복잡한 데이터의 자산화를 들 수 있다. 아마존이나 구글, 페이스북 등의 경우에는 고객으로부터 수집된 데이터를 바탕으로 서비스를 제공한다. 고객으로부터 데이터를 직접 받는 것은 제조업에 비해 규모가 작고 단순하다. 여기서 데이터란 고객이 텍스트를 입력하는 방식으로 제공하는 정보와 다른 것으로, 고객사에 판매한 기기를 통해 보내지는 데이터를 의미한다.

GE는 제트엔진의 경우, 실시간으로 운항되는 약 2,200대의 비행기로부터 약 11페타바이트가량의 데이터를 받아 예지 정비 분석 자료로 활용한다. 또한 GE는 고객사인 쉰들러(Schidler)가 제작한 엘리베이터나 에스컬레이터에서 들어오는 데이터를 자산으로 활용하여 예지 정비가 가능하도록 지원한다. 아마존 등 기업과의 차이라면 '기기에 의해 생성된 규모가 크고 복잡한 데이터를 가공하고, 분석하여 정보로 전환해 자산화한다'는 점이다.

하지만 이러한 데이터의 자산화는 GE 차원의 데이터 자산화는 물론 고객사의 데이터 자산화가 함께 이루어져야 한다. GE 내부의 자산화는 자체 관리 역량으로 추진할 수 있지만 고객사의 데이터 자산화는 고객사 내부의 의사결정 영역이기 때문이다. 고객사 입장에서 데이터 자산화가 자사에 도움이 된다고 판단할 때 이루어지는 영역이기에 GE가 임의로 개입할 수 없는 영역이기도 하다. 따라서 GE의 비즈니스 모델 구현을 위한 고객사의 데이터 자산화는 진통이 야기되는 여정이 될 수밖에 없다.

또한 제조 과정에서는 데이터가 많이 창출되기 때문에, 이미 존재하는 데이터를 수집·정리하고 축적하는 것을 데이터 자산화라고 오해할 수도 있다. 실제로 데이터 자산화에 관심 있는 제조 기업을 확인해 본 결과, 활용 가치가 없는 데이터를 축적해 가지고 있는 사례가 자주 확인되고 있다.

제조업의 데이터 자산화는 사실 규모가 매우 크고, 과정도 매우 복잡하다. 제조업에서는 생산 및 개발 중인 제품 및 부품에 대한 데이터는 물론, 작업 환경, 작업자, 에너지 사용에 대한 데이터 등 다양하고 방대한 데이터가 존재한다. 이를 자산화하기 위해서는 어떤 데이터가 사업 목적에 중요한지를 정의하고, 활용 가치가 있는 데이터를 수집해야 한다. 예를 들어 비행기 엔진을 만드는 제조 기업의 경우, 엔진 정비, 운항 효율 분석과 개선, 연료 사용 개선 등에 필요한 데이터를 수집해야 한다.

이와 같은 중요한 데이터를 기존 데이터에서 찾으려고 해도 해당 데이터가 존재하지 않을 수도 있다. 이럴 때는 필요한 데이터가 창출되고 수집될 수 있도록 자금과 시간을 투자해야 한다. 데이터 창출 및 수집을 위해 제품 및 제조 공정을 새롭게 만들어야 한다면 이에 대한 투자를 해야 한다. 그와 더불어 개발시에 데이타 모델링을 반영한 센싱 관련 투자도 선행해야 한다.

　제조업의 데이터 자산화를 위해서는 사업 목적에 맞는 데이터 창출, 수집, 축적, 분석 시스템을 모델링해야 한다. 따라서 데이터 자산화의 핵심은 모델링이라고 할 수 있다. 데이터 모델링을 통한 데이터 자산화는 기업 운영에 있어 실물 모델을 통한 운영과 데이터 모델을 통한 운영을 결합하여 효과적인 운영을 가능하게 한다. 데이터 모델은 고객에게 가치를 창조할 수 있게 하는 고객의 데이터 모델과 고객에게 제공하는 제품 및 서비스를 창조하고 공급하는 과정과 관련된 데이터 모델 모두를 포함한다. 2017년 필자가 마이크로소프트를 방문했을 때 인터뷰를 했던 한 중역이 디지털 트랜스포메이션의 핵심은 데이터 모델링에 있다고 한 말은 바로 이러한 점을 반영한다. GE의 경우도 데이터 자산화가 모델링을 바탕으로 이루어졌음은 두말할 나위가 없다.

5. 완벽 추구와 내부 지향적 마인드의 변혁

　GE의 CDO(Chief Digital Officer)이자 GE 디지털의 CEO였던 빌 루는 2017년 8월 한국에서 있었던 'GE 이노베이션 포럼 2017 라이브'에서

GE의 혁신 추진에 있어 문화가 중요하다는 것을 나중에야 알게 되었음을 밝힌 바 있다. 이는 GE가 디지털 트랜스포메이션 여정을 추진하는 데 있어 문화가 커다란 벽이었음을 시사한다.

제조업은 문화적으로 완벽을 추구하는 전통을 가지고 있다. 완벽한 품질과 가격이 제품의 시장 확보에 결정적이기 때문이다. 구글 등 소비자 인터넷 산업 분야에서는 오히려 실패를 장려한다. 그러나 제조업의 경우에는 손실 비용이 워낙 크다 보니 완벽성이 요구되고 실패를 금기시한다.

하지만 데이터 자산화를 위한 데이터 모델링은 데이터 모델을 만들어 보고 실험해 보고 지속적으로 개선해나가는 접근이 필요하다. 이는 완벽주의 문화 속에서는 쉽지 않다. 또한 인터넷으로 연결된 스마트 제품 개발 시, 해당 제품의 기대되는 성과 여부를 파악하려면 소프트웨어 산업 분야처럼 빠르게 디자인하고 프로토타입을 만들어 제대로 작동하는지 시험해보는 것이 중요하다. 스마트 팩토리로 대변되는 스마트 공정도 마찬가지다.

또한 GE가 추구하는 비즈니스 모델, 즉 고객사로부터 데이터를 받아 분석하려면 예전과 달리 고객과 실시간으로 상호작용하는 외부 지향적인 마인드가 있어야 한다. 이러한 외부 지향적인 마인드는 고객의 가치를 지향하는 깊은 공감과 이해를 바탕으로 한다.

반면 내부 지향적인 마인드는 고객가치 창출을 가로막고 저해하는 가장 큰 장애물이다. 아마존, 구글, 페이스북 등은 기존의 전통적인 산업에서 볼 수 없던 가치 명제를 제시하고 있다. 아마존이 개발한 'The Amazon Dash Botton'의 경우에는 가치 명제가 '필수품이 떨어지지 않게 하기'다. 즉, 고객에게 휴지가 떨어질 경우 대쉬 버튼을 누르도록 하여 그 불편을 없애겠다는 것이다. 이로써 입력 단추 하나로 고객에게 맞춤형 물건을 공급하는 서비스를 제공한다.

GE가 지금까지 해왔던 비즈니스 모델은 수년 간 내부에서 개발한 제품을 고객에게 제공하면 관계가 일단락되었다. 이에 비해 새로운 비즈니스 모델은 고객과의 지속적인 상호작용을 지향한다. 이는 GE에게는 커다란 도전이 아닐 수 없다. 그렇다고 해서 GE가 인터넷 비즈니스 기업이 되기 위해 완벽 추구와 내부 지향 마인드를 변혁하는 것이 비즈니스 모델의 성공을 보장해주는 것도 아니다.

GE의 비즈니스 모델은 프리딕스를 바탕으로 제조사와 고객사가 데이터로 연결되고, 그 데이터를 바탕으로 서비스가 제공되는 모델이다. 현재까지 GE의 비즈니스 모델은 항공기 엔진과 풍력 발전 같은 영역에서 구체적인 성과를 창출하였다. 이러한 영역은 프리딕스를 사용하는 제조 사업 부문이 GE 내에 존재하는 경우에 해당한다.

그러나 제조 사업 부문이 GE 외부에 있는 경우, 즉 자동차, 철강 등의 경우 이들 기업과 협력하기란 쉽지 않다. 이들 기업은 제조 기업이고 여전히 완벽 추구와 내부 지향적인 마인드의 벽을 가지고 있기 때문이다. 그래서 GE는 2011년부터 새로운 비즈니스 모델을 바탕으로 이러한 내부의 벽을 깨기 위해 도전했다. 하지만 고객사나 파트너사는 아직도 그 벽을 깨지 못한 기업이 대다수다.

이러한 환경하에서 GE의 프리딕스를 바탕으로 한 비즈니스 모델 구현은 많은 어려움과 진통을 야기할 수밖에 없다. 즉, 제조 기업의 변화와 제조 생태계가 변화해야 GE가 추구하는 비즈니스 모델이 성공할 수 있고, 디지털 트랜스포메이션을 달성할 수 있다. 이러한 변화를 먼저 시작한 GE의 디지털 트랜스포메이션 여정은 그들만의 힘으로 이루어질 수 없다는 점에서 진통이 불가피하고 장기적인 생태계의 변화와 함께 하는 여정이라고 할 수 있다.

03

제조 기업의 인터넷 비즈니스 예시

제조 산업 인터넷 비즈니스라는 것이 생소해 책을 읽어나가는 데 어려움을 겪는 독자도 일부 있을 것이다. 여기서는 제조업에서 가능한 인터넷 비즈니스 모델 유형을 예시하여 독자의 이해를 돕고자 한다. 여기서 제시하는 인터넷 비즈니스 모델은 이미 실행되는 것도 있고, 아이디어 차원에서 제안한 것도 있음을 미리 밝혀둔다.

제조업의 인터넷 비즈니스화는 제조 기업이 그 분야의 강자가 되기 위한 움직임에서 추진된다고 볼 수 있다. 제조업 분야의 강자가 되려면 고객의 변화와 니즈를 즉각적으로 읽고 대응해야 한다. 그러기 위해서는 고객의 사용 환경을 파악하여 가치 있는 상품(서비스와 제품)을 제공해야 한다. 기업들은 경쟁력 강화에 도움이 된다고 판단하면 인터넷을 활용하고, 서비스를 제공하는 방식의 인터넷 비즈니스를 추진하도록 해야 한다.

이때 인터넷 비즈니스화를 추진하는 데 있어 중요한 것이 있다. 고객사의 제품 사용에서 자사에 가치가 되는 포인트를 찾아서 연결하되 고객에게 가치를 제공해야 한다는 것이다. 고객에게 가치를 제공하는 방식도 달라져야 한다. 기존에 제조업의 비즈니스 모델이 'ㅁㅁ 제품 팔기'였다면, 인터넷 비즈니스화는 'ㅇㅇ을 팔기'라고 할 수 있다. 이에 대해서는 이어지는 사례를 참조하기 바란다. 'ㅇㅇ을 팔기'는 궁극적으로 'ㅇㅇ하기'라고 하는 '고객의 사용 경험과 성과'를 파는 모델이다. 여기서 제시하는 모델은 자사에 가치 있는 데이터와 정보, 고객에게 가치 있고 도움이 되는 데이터와 정보를 고객으로부터 흘러들어오게 하고, 그들에게 가치 있는 서비스를 제공하는 모델이다. 하지만 이처럼 고객에게 혜택이 되는 윈윈 방법을 찾으려면 많은 검토와 아이디어가 필요하다.

다음은 독자들을 위해 제조 기업의 인터넷 비즈니스에 대한 예시를 든 것이다 .

사례1) 냉장고의 비즈니스 모델 발굴

냉장고의 기본 기능은 식품을 신선하게 보관하는 것이다. 사용 환경(생태계)을 한 번 분석해 보자. 고객들은 식품을 구매하여 냉장고에 보관하고 상한 것은 버린다. 부족한 것은 구입하려고 머릿속에 기억하거나 수첩에 메모하지만 금세 잊어버린다. 냉장고를 보면서 무엇을 해먹을까 생각하다가 요리 종류를 결정하고 나면 부족한 식재료가 나타난다. 그러면 주변 마트로 가서 식재료를 추가로 구입한 후에 요리를 한다.

이런 정보를 센싱하여 플랫폼 및 협업 생태계와 연결하면 새로운 비즈니스 발굴이 가능해진다. 가령, 냉장고에 물건이 없는 것을 센싱하여 해당 데이터를 인터넷으로 보낼 수 있는 기술을 개발한다면 어떻게 될까? 이를 활용하여 필요한 물건을 자신의 휴대폰에서 자동으로 인지하고 유통회사로 주문할 수 있다면, 냉장고는 '고객이 필요로 하는 음식 재료를 고갈됨 없이 제공하기'라는 가치를 판매하는 것이 가능해진다.

만약 이렇게 전 세계에 흩어진 냉장고로부터 들어온 데이터를 수집해 이를 주문과 연결시킨다면, 관련 플랫폼을 운영할 수 있을 것이다. 그러면 냉장고 회사와 유통회사 간, 냉장고 회사와 소비자 간 인터넷 비즈니스 기회를 창출할 수 있다. 이런 형태로 운영을 한다면 소비자, 냉장고 회사, 유통회사, 주변 마트, 요리학원 등 다양한 생태계 간에 새로운 비즈니스가 창출되거나 확장이 가능해진다.

사례2) **비행기 엔진의 비즈니스 모델 확대**

엔진은 복합생산 시스템 제품 중 하나인 항공기의 핵심 부품이다. 이는 산업용으로 고가이고, 안전과 관련하여 정비가 가장 중요한 사업이다. 엔진을 사용하는 고객사는 고장 발생 이전에 정비 시점을 찾는 것이 중요하다. 하지만 이를 미리 알아내는 데는 한계가 있다. 기계로부터 접할 수 있는 정보가 제한적이고, 알아낸다고 해도 정확한 시점을 파악하기가 어렵기 때문이다.

GE는 센서 기술을 활용하여 데이터를 수집 및 분석하고, 축적된 지식을 바탕으로 패턴을 해석하면 정비가 가능하다고 판단했다. 그렇게 하면서 업종 자체가 엔진 판매 및 정비업에서 '고장 없이 엔진 작동하기'를 파는 회사로 전환되었다. 그 결과, 고객으로부터 엔진이 작동하는 시간, 즉 비행기가 '공중에 떠서 작동하는 시간 단위'로 돈을 받는다. 이를 위해 GE는 전 세계에서 운항되는 항공기 엔진에서 들어오는 데이터를 분석하여 예지 정비와 연료 효율을 개선하는 플랫폼 운영을 추진하게 되었다. 여기서 핵심 포인트는 과거에는 엔진 고장을 예방하는 것(주기적인 정비)에만 국한되었으나, 현재는 엔진 이상을 사전에 예측하고 나아가 고객인 항공기 운영사의 연료 효율을 개선하는 영역으로까지 사업을 확대했다는 것이다.

사례3) 굴삭기의 비즈니스 모델

굴삭기의 기본 기능은 땅을 파는 것이다. 굴삭기 사용자들은 그 과정에서 효과적으로 땅을 파는 노하우를 축적해 삽의 디자인을 조금만 바꾸면 보다 다양한 작업을 할 수 있늘 텐데 하는 바람을 가질 수 있다. 삽에 다른 보조 장치를 달거나 프로그래밍 소프트웨어를 바꾸면 폭넓은 작업을 할 수 있는 데 하는 아쉬움을 가질 수도 있다.

삽이 갑자기 부러지거나 고장 나 조업을 중단할 수도 있다. 산간 지역에서 일하다가 일기 예보가 맞지 않아 예상치 못하게 작업이 중단될 수도 있다. 이런 경우 굴삭기로부터 수집되는 센서 데이터를 플랫폼이나 협업 생태계와 연결하면 새로운 비즈니스 모델 발굴이 가능해진다. 우선 굴삭기 부품의 센서 데이터 분석 결과, 고장 시점을 미리 알고 수리 서비스를 제공하는 예지 보전 모델을 생각해볼 수 있다.

또한 삽이 부러졌을 경우. 고객사와 부품 공급사를 연결하는 플랫폼으로 빠른 시간 내에 공급하는 모델도 생각해볼 수 있다. 그러면 플랫폼을 통해 굴삭기 회사에 해당 부품의 재고가 없음을 알리고, 부품 공급사 중 재고를 비축한 업체에게 제공하도록 하거나, 그마저도 없을 경우 적층제조 부품 업체를 통해 고객에게 빠르게 공급되도록 할 수도 있을 것이다.

굴삭기를 사용하는 산간 건축업자가 필요로 하는 개량 삽이나 운영 프로그램 소프트웨어에 대한 아이디어를 플랫폼에 올리고, 이 아이디어가 채택되어 굴삭기 회사의 매출이 오를 경우도 생각해볼 수 있다. 그러면 수익의 일부를 나눠 가지는 비즈니스 모델을 운영하여 고객사의 생산성을 향상시킬 수 있는 아이디어가 지속적으로 업그레이드되도록 하는 비즈니스 모델을 추진할 수도 있다.

또한 전 지역에 분포된 진동 센서의 데이터를 분석해 지진 등에 대한 재난 가능성을 미리 알려 사용 고객의 재난 발생(빌딩 함몰, 산간 작업 산사태 함몰)을 미연에 방지할 수도 있을 것이다. 이렇게 하면 굴삭기 회사, 고객사, 부품 회사, 지진 분석 전문 연구원 등 다양한 생태계 간에 새로운 비즈니스가 창출되거나 확장이 가능해질 것이다.

04

GE의 디지털 트랜스포메이션 여정

1. 디지털화를 향한 GE의 도전

GE의 제조 인터넷 비즈니스 기업으로의 도전은 2011년 산업 인터넷 이니셔티브의 추진과 함께 시작되었다. 그와 함께 다양한 고객과 복잡한 운영을 최적화하고, 실시간으로 예지 솔루션을 제공할 수 있도록 기계, 데이터, 사람을 연결시키며, 데이터 합성과 분석을 제공할 수 있도록 열린 글로벌 네트워크를 제안했다. 이를 통해 GE는 제조 기업에서 산업 인터넷 비즈니스 기업으로의 전환을 선언했다. 이것은 소프트웨어를 주변부 영역에서 중심 영역으로 이동시키고, 제품을 만들던 제조 기업에서 서비스 주도의 제조 기업으로 변화하겠다고 선언했음을 의미한다.

GE가 산업 인터넷 이니셔티브를 발표했다는 것은, 2000년대부터 환경 변화를 분석하고 대응 방향을 모색한 후에 디지털 변신을 위한 전략적 방향과 로드맵, 우선순위가 정해졌음을 뜻한다. 이를 위한 디지털 변신 과정은 크게 보았을 때 GE 전체 사업의 포트폴리오 조정과 사업부 통합 및 실행으로 나눌 수 있다.

2. 디지털화를 위한 포트폴리오 조정

GE는 산업 인터넷 이니셔티브 추진 후, 스마트한 소프트웨어로 작동되는 기기뿐 아니라 기기 이용 고객으로부터 얻은 데이터를 수집하고 분석하여 그 자료를 고객에게 제공하는 등 산업 인터넷 비즈니스에 집중하는 모습을 보이고 있다. 여기서 기기란 산업용, 그중에서도 주로 중공업 및 항공 등 운송 기기를 의미한다. 이를 위해 제프리 이멜트는 하드웨어 중심의 산업 부문을 산업 인터넷 비즈니스로 전환시켰을 때 강점을 가질 수 있는 산업으로 포토폴리오를 조정하고 저성장 산업을 정리할 필요가 있다고 언급한 바 있다.

최근 GE의 포트폴리오 변화를 살펴보면, 잭 웰치 시절에 확대한 비제조 부분을 축소시키고, 제조업에 집중하는 경향을 보이고 있다. 이를 위해 GE 캐피털의 축소를 발표하고, 신용카드 관련 사업인 싱크

로니 파이낸셜(Synchrony Financial)과 미디어 관련 사업인 NBC 유니버셜 (NBC Universal)을 매각했다. 제조업 분야에서도 GE가 강점을 가진 산업용 기기에 집중하는 방향으로 포트폴리오를 정리하면서, 그 분야가 아닌 GE 플라스틱(GE Plastic)과 GE 어플라이언스(GE Appliance)를 매각했다. 그에 반해 중공업에 해당하는 발전 회사인 알스톰(Alstom)과 항공업 관련 회사인 아머샴(Amersham), 스미스 에어로스페이스(Smith Aerospace) 등을 인수하고, 신에너지 관련 산업용 기기 제조업체인 엔론 윈드 에셋(Enron Wind Assets)을 인수했다.

다음의 그림은 2001년부터 나타난 GE의 수입 변화다. 에너지 부분, 항공 부분, 헬스케어 부분의 비중이 크게 늘어난 반면, GE 캐피털은 떨어지고 있다.

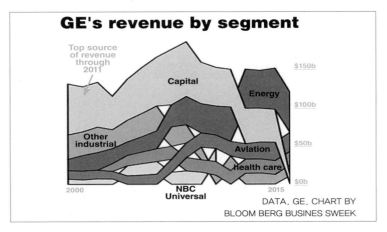

자료: Leonard and Clough, 2016

그리고 2015년 기준, GE의 포트폴리오를 정리하면 아래와 같다.

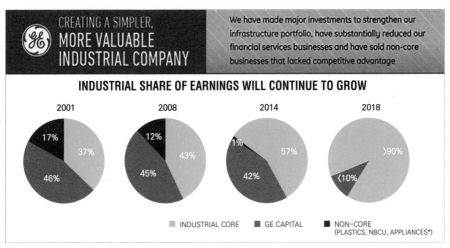

자료:http://s3.amazonaws.com/dsg.files.app.content.prod/gereports/
wp-content/uploads/2015/10/05054946/More-valuable.jpg

이상의 자료는 GE가 핵심 산업에 포트폴리오를 집중해왔고, 비핵심 산업 부분은 정리하는 한편, GE 캐피털의 비중도 줄여왔음을 보여주고 있다. 2017년 이멜트 사임 이후 GE는 포트폴리오의 변화가 있었으나, 디지털 트랜스포메이션을 위한 포트폴리오의 재구성과 다른 맥락으로 이루어진 면이 있어 이에 대한 논의는 생략하기로 한다.

3장

GE의 인터넷 비즈니스
과제와 해법

01
변신을 위한 *GE의 6대 도전 과제*

1. 디지털 시대에 맞게 일하는 방식

1) 빠른 혁신을 위한 패스트웍스

최근 들어 아마존, 구글, 테슬라, 마이크로소프트 등 소프트웨어 중심의 ICT 기업이 제조업 분야에 속속 진입하고 있다. 제조업의 디지털화, 연결화, 스마트화가 진전될수록 이러한 기업들이 진입할 영역은 넓어질 수밖에 없다.

이 기업들은 빠른 혁신 프로세스를 갖추고 있다. 규모가 큰 기존 제조업체가 이러한 속도를 이겨내기란 사실 쉽지 않다. 규모가 큰 기업들은 새로운 기술을 바탕으로 한 빠르고 혁신적인 제품을 만들어내는 프로세스를 구축할 수 없기 때문이다. 설령 변화를 시도한다 해도 체계화되고 절차화된 의사결정을 따르다 보니 디지털 기술의 빠른 변화에 대응하기란 거의 불가능하다. 설령 빠르게 만들어낸다 해도 해당 제품이 기존 사업부와 충돌할 수도 있다. 시장이 계속 변하고, 고객 니즈와 구매 패턴도 시시각각 바뀌다 보니 새로운 제품과 서비스를 제공하는 혁신의 위험성이 높아져 규모가 큰 제조업체는 빠른 대응을 하기기 쉽지 않은 현실이다.

하지만 2015년 제프리 이멜트는 "제조 기업은 해당 기업이 원하든 원하지 않든 정보 사업(Information Business) 영역에 속해 있다"라고 말한 바 있다. 정보 사업 영역은 벤처기업들의 출몰이 잦은 분야로 그들과 같은 속도를 내지 않으면 안 된다. 이를 위해 GE는 제조업의 체질을 극복하고 시대에 맞는 빠른 혁신이 가능하도록 하는 톱다운 방식의 패스트웍스(FastWorks)라는 툴을 개발해 회사 전반에 활용하고 있다.

2) 자율적 의사결정을 위한 직원행동 가이드, GE Belief

GE는 빠른 의사결정이 자율적으로 이루어지도록 하는 직원 행동 가이드라인도 제시하고 있다. 이는 우리나라 기업체의 사훈과 비슷하지만 전략적인 그림과 프로세스, 조직 및 문화 변화를 염두에 두고 만든 것이라 할 수 있다. GE는 디지털 트랜스포메이션을 추구하는 혁신 기업이 되려면 가장 중요한 것이 전 직원의 문화를 바꾸는 것임을 깨달았다. 골드스타인은 "패스트웍스 시작 전에 깨달아야 하는 것이 있었는데, 그것은 문화를 바꾸는 것이었다"라고 고백했다. 문화를 바꾸기 위해 GE가 채택한 것은 GE의 인재상이라고 할 수 있는 'GE Value(가치)'를 2014년 'GE Belief(신념)'로 바꾸는 것이었다. 이는 종업원의 기대 행위에 대한 가이드 원칙이라고 할 수 있다.

GE Value란 GE의 인재상을 반영한다. GE Value는 외부 지향(External Focus), 명확하고 알기 쉬운 사고(Clear Thinker), 상상력과 용기(Imagination&Courage), 포용력(Inclusiveness), 전문성(Expertise)을 포함하는 것으로 개인의 경향성 내지는 특질을 단어로 표현한 것이다. 반면 GE Belief는 고객 중심적으로 깨어나 행동에 옮기도록 하는 내용으로, 첫 번째는 가장 중요한 고객 중심이라는 명제가 제시되어 있고, 나머지는 이를 실천하기 위한 사항이 동사로 표현되어 있다.

GE Belief에는 큰 조직의 문제를 해결하려는 고민이 반영되어 있다. 큰 조직은 복잡한 조직 구조와 절차 때문에 수직적 소통이 불가피하다. 이러한 조직은 대개 고객 지향성과 수평적 소통에서 문제점을 드러내게 마련이다. 이를 해결하려면 절차를 간소화하고 고객 지향적인 의사결정이 자율적으로 모색되도록 해야 한다. GE Belief는 이것이 가능하도록 가이드라인을 제공하기 위해 만든 다음과 같은 5개 원칙으로서, 궁극적으로는 고객에게 깨어 있는 기업이 되기 위한 지침이라 할 수 있다.

① 고객이 우리의 성공을 결정한다.

② 속도를 내려면 군살을 빼라.

③ 이기려면 배우고 적응하라.

④ 서로 힘을 실어주고 격려하라.

⑤ 불확실한 세상에서 성과를 올려라.

이에 대해 자세히 알아보자.

첫 번째, 고객이 우리의 성공을 결정한다. 이 원칙은 의사결정에서 '고객'이라는 렌즈로 문제를 바라보아야 한다는 것이다. 관료주의를 타파하고, GE 중심이 아니라 고객중심적인 사고방식과 행동양식이 성공을 결정한다는 뜻이다. 이것은 단순히 고객을 상대하는 부서에만 적용되는 개념이 아니다. '패스트웍스 에브리데이(FastWorks Everyday)'라는 툴에서 고객의 개념은 '내가 상호작용하는 상대방'을 뜻한다. 이러한 사고로 의사결정을 내린다면 기업 전체가 고객중심적인 의사결정을 내리는 조직이 된다.

두 번째, 속도를 내려면 군살을 빼라. 이 말은 조직 내 불필요한 업무 프로세스를 없애고 대내외적으로 속도를 내는 것을 의미한다. 패스트웍스라는 툴을 예로 들자면, 어떤 문제를 해결할 수 있는 아이디어가 생겼을 때 조직 간의 벽을 넘어서 타당성을 검증하고 실행에 옮기도록 하는 단순화된 프로세스라고 할 수 있다.

세 번째, 이기려면 배우고 적응하라. 불확실한 상황에서 결정하는 것은 실패의 위험이 높다. 그러나 이 원칙은 완벽함을 추구하느라 기회와 비용을 소모하지 말고, 시장의 속도에 맞춰 도전하라는 말이다. 그리고 실패했을 경우에는 회복탄력성을 갖고, 실패에서 배운 점을 민첩하게 터득하고 적용하는 것이 중요하다고 강조한 말이다. 이는 시험적으로 해보기(Play)를 강조하는 패스트웍스와 일맥상통한다. 이는 2016년에 한 제프리 이멜트의 "우리는 시도하게 하고 피봇(Pivot)하게 하고 다시 시도하게 한다. 그리고 이것이 중앙의 지시 및 통제, 절차 중시보다 낫다"라는 인터뷰 발언과도 연결된다.

네 번째, 서로 힘을 실어주고 격려하라. 고객 지향적인 의사결정에는 수평적 상호 소통이 무엇보다 중요하다. 이 원칙은 고객 접점에서 고객과 소통하고, 대안을 추진할 수 있는 자율성을 부여하여 수직적 소통으로 인한 고객과의 소통을 등한시할 수 있는 여지를 줄이는 것은 물론, 모든 종업원에게 수평적인 소통을 중시하라고 강조하고 있다. 또한 상하 간에 지시나 통제를 넘어 수평적이고 자율적으로 움직일 수 있도록 상호 격려하고 협력 관계를 지향하라는 뜻도 함께 담고 있다.

다섯 번째, 불확실한 세상에서 성과를 내라. 이는 불확실한 상황에

서 결정을 피하기보다 대안을 마련하고 도전하라는 의미다. 미래에
는 불확실성이 더욱 커질 것이다. 따라서 결정 가능한 대안을 찾지 않
는다면 기업은 판단을 할 수 없어 좋은 기회를 놓치는 상황에 빠질 수
밖에 없다. 이에 대한 준비와 대응을 통해 성과를 내도록 강조한 말
이다.

GE Belief는 이처럼 조직과 개인 간 충돌로 인해 벽에 부딪치거나 문
제가 발생했을 때 이를 조정할 수 있는 기본 원칙을 제공하고 있다.
또한 기술 및 고객의 변화가 빨라져 의사결정의 불확실성이 높아진
상황에서 고객 지향적이고, 빠른 의사결정이 가능하도록 하는 수평적
소통을 위한 가이드라인이라 할 수 있다. 그리고 이를 통해 복잡한 절
차와 체계로 이루어진 조직의 한계를 극복하기 위한 노력이라 할 수
있다.

3) 디지털 시대, 평가 방식도 달라져야 한다

하지만 앞서 다룬 GE Belief가 평가 방식과 충돌한다면 문제가 발생
할 수 있다. GE Belief는 기본적으로 임직원들이 고객 성과 지향적이
고, 혁신 지향적 행동을 하도록 기대 행위에 대한 가이드 원칙을 제공
하고 있다. 반면 기존의 임직원 평가 방식은 고객 지향적, 혁신 지향
적 행위를 할 때 불리한 평가를 할 여지를 가지고 있다. 그래서 GE는

기존의 평가 방식을 폐기하고, 고객 지향적, 행위 지향적 행위를 할 때 도움을 주는 코칭 방식의 평가 방법을 도입한다.

그렇다면 GE가 벤처기업과 같은 속도를 내려면 평가 방식을 어떻게 바꿔야 할까? 평가 방식은 크게 절대 평가와 상대 평가의 두 가지 방식으로 나눌 수 있다. 이 중 환경에 빠르게 대응하는 팀 조직에 보다 적합한 방식은 절대 평가다.

과거 굴뚝산업 시대에 제조업의 평가 방식은 상대 평가가 주를 이루었다. 일등부터 꼴등까지 성적표가 나오고, 이에 따라 인센티브가 지급되었다. GE도 상, 중, 하를 20:70:10의 비율로 나누고, 하위 10%는 내보내는 바이탈 커브(Vital Curve) 방식을 오랜 기간 유지해왔다. 이 방식은 안정적인 경영 환경 속에서 임직원들이 경각심을 가지고 무슨 일이든 열심히 하도록 하는 효과를 가져왔다. 이는 평가권을 쥔 리더의 권한이 강력해 조직을 일사불란하게 관리 및 통제하는 데 유용했다.

하지만 지나친 상대 평가는 구성원들 간 경쟁심을 불러일으켜 협업을 저해하는 단점이 있다. 심할 경우에는 다른 구성원이 잘 되는 것을 방해하는 현상까지 나타나기도 한다. 리더에게 잘 보이기 위해 일보다 이른바 사내 정치에 신경을 쓰는 일도 생겨난다. 강력한 팀워크를 바탕으로 환경 변화에 기민하게 대응해야 하는 벤처 같은 조직에는 오히려 해악이 될 수 있다. 그렇기에 요즘 많은 기업들은 상대 평가를 폐지하는 추세고, GE 역시 그중 하나다.

최근 GE는 협업을 강화하고 임직원들을 육성한다는 관점에서 평가 제도를 바꿨다. 1년에 한 번 평가하던 방식을 폐지하고, 모바일 앱을 중심으로 수시로 피드백을 한다. 물론 연말에 상사가 종합적으로 정리하여 피드백을 하기도 하는데, 역량 개발 관점에서 별도의 양식 없이 격식에 얽매이지 않고 진행한다. GE는 PD@GE(Performance Development at GE)라는 모바일 앱을 개발해 활용하고 있는데, 상사는 물론이고 동료, 타 부서 구성원 등 사내 모든 임직원에게 피드백을 요청할 수 있다.

평가 제도가 달라짐에 따라 보상 제도도 바뀌고 있다. 기존의 랭킹 제도가 사라지다 보니, 평가 등급과 보상 간의 연결고리가 약화되고 있으며, 보상을 어떻게 할 것인지 고민 중에 있다. 핵심 과제는 '절대 평가 방식을 활용하되, 성과에 상응하는 보상을 어떻게 할 것인가' 하는 부분이다. 현재 GE는 이에 대해 다양한 테스트를 진행 중에 있다.

4) 프로세스를 지원하는 조직 만들기

지금과 같은 상황에서 성공하는 조직이 되기 위해서는 수평적 소통에 바탕을 둔 빠른 혁신이 가능해야 한다. 즉, 대기업의 관료적인 조직에서 탈피해 벤처와 같이 간단한 형태의 조직이 되어야 한다. 현장의 기술 및 수요 변화에 민감하게 반응하는 조직이 되려면 이를 잘 간파하고 대응 방안을 마련해 자발적으로 추진하는 것이 가능한 조직 구조를 갖춰야 한다. 이를 위해서는 개인의 변화를 유도하는 가이드라인과 툴이 필요하다. 또한 소프트웨어 기업과 같은 조직문화를 형성하고, 직면한 문제에 끊임없이 피드백을 하며, 조직을 다시 디자인하고 변화시켜 나가야 한다.

기본적으로 GE는 '확실하고 완벽한 품질에 가격 경쟁력을 가진 제품 만들기'에 몰두하는 기업이다. GE처럼 하드웨어 중심의 완벽한 품질을 지향하는 기업은 혁신 프로세스가 빠르지 않다. 혁신 프로세스를 빠르게 추진하면 제품의 핵심인 품질의 신뢰성이 떨어질 수 있기 때문이다. 그러나 최근 들어 제조업의 디지털화가 진행됨에 따라 GE는 빠른 혁신 프로세스 도입이 본격적으로 필요하게 되었다. 그래서 이러한 하드웨어 중심 프로세스의 한계를 극복하고자 추진한 것이 바로 패스트웍스다. 패스트웍스는 뒤의 4장에서 따로 상세하게 설명할 것이다.

이러한 도구와 프로세스를 정착시키기 위해서는 이를 지원하는 부서를 만들고, 이를 방해하는 조직의 문제점을 개선하는 체계를 만들어야 한다. 이를 위해서 GE는 위원회(Committee나 Board)를 만들어 문제점을 상위 경영자에게 보고하고, 문제가 되는 조직체계의 개선을 시도했다.

2. 하드웨어 리더십과 조직문화 이슈

2011년 GE가 "소프트웨어를 개발하고 디지털 회사가 되겠다"며 '디지털 제조업'을 이야기할 때 그것이 가능하리라 생각한 사람은 많지 않았다. 처음에 GE는 M&A를 통해 디지털화를 시도하려 했다. 하지만 그 대상이 되는 회사를 찾기가 힘들었다. 그래서 제프리 이멜트는 M&A 대신 함께 디지털 제조업을 개척해갈 사람들을 찾기 시작했다.

제프리 이멜트가 낙점한 인물은 당시 시스코의 부사장이었던 빌 루였다. 이멜트가 처음 빌 루를 접촉했을 때 그가 보인 반응은 "GE는 소프트웨어의 S도 모르는 회사고, 조직문화도 소프트웨어 회사와는 전혀 맞지 않다"였다. 그러자 이멜트는 "디지털 제조업의 과정이 50단계쯤 된다면, 나는 1~2단계 정도밖에 모른다. 당신이 도와줘야 그 길을 갈 수 있다"라며 빌 루를 설득했다. 그 말에 빌 루는 GE로 자리를 옮겼다. 빌 루는 이후 1~2년 동안 변화를 주도할 소프트웨어 조직을 구성하는 데 가장 많은 공을 들였다. 그리고 마침내 GE 글로벌 리서치 센터(GE 스토어) 산하에 소프트웨어 센터를 설립했다.

이멜트는 빌 루에게 10억 달러를 주며 자유로이 조직을 구성하도록 했고, 빌 루는 대대적으로 인력을 충원해 조직을 구성했다. "제프리 이멜트가 빌 루에게 끝없이 수표를 끊어준다"라는 평판이 날 정도로 이멜트는 빌 루의 디지털 사업을 적극 지원했다. 5~6년간 이멜트는 디지털 사업에 약 40억 달러 정도를 투자한 것으로 알려졌다. 빌루는 2017년 8월 25일 'GE Innovation Forum 2017 Live'에서 "소프트웨어 엔지니어로서 초기에 기존 하드웨어 엔지니어의 무시, 저항, 사일로(Silo) 등의 문제에 많이 직면했을 텐데 이를 어떻게 극복했는가?"라는 필자의 물음에 최고 경영진의 지원과 도움을 꼽았다. 이는 디지털 트랜스포메이션을 하는 데 있어 최고 경영진의 방침 표명과 적극적 지원이 필수임을 뜻한다.

특히 GE의 엔진 분야는 장기적인 사이클과 높은 신뢰도가 요구되는 가장 보수적이고 완벽해야 한다는 제품 특성을 지닌다. 사실 GE에게 전통적인 제조업에서 디지털 사업으로의 전환은 거의 불가능한 상황이었다. 하지만 GE는 경영진의 미래를 향한 비전, 전문가의 영입, 그리고 전폭적인 지원과 후원으로 이를 추진해 가시적 성과를 만들어내고자 하였다.

3. ROI 의존에 대한 고려

1) ROI가 사업 성패를 결정하지는 않는다

4차 산업혁명에 대응하다 보면 많은 딜레마에 빠지게 마련이다. 대표적인 것이 ROI(Return on Investment, 투자수익률)가 불투명해 투자에 어려움이 따른다는 것이다. 그러나 투자를 하지 않으면 생존을 위협받는 상황에 직면할 수밖에 없다. 실제로 많은 기업들이 ROI에 의존한 의사결정 때문에 투자를 하지 못하고 결국 생존의 위협에 직면한다. 이러한 사례를 우리는 디지털 카메라에 대한 특허를 선점하고도 디지털 카메라로 인해 파산한 코닥을 통해 확인할 수 있다.

코닥은 1970년대에 스티브 새슨(Steve Sasson)이 세계 최초로 디지털 카메라를 개발했다. 그럼에도 불구하고 코닥은 이것이 기존 사업을 위협한다고 판단했다. 그리고 육중한 무게, 느린 처리(Processing) 시간, 낮은 해상도에 대한 문제를 지적하며 ROI가 낮다고 판단해 경영진은 투자를 거부했다. 나중에 판단이 바뀌어 투자를 계속했지만, 결국 코닥은 2012년 파산보호를 신청했다. 계속적 투자가 이루어지지 않은 것은 결과적으로 보면 ROI 때문이었다.

이런 경우에는 전략적인 방향을 설정하고 투자하거나 아예 해당 사업을 포기하는, 즉 포트폴리오를 조정하는 것이 대안이 될 수 있다.

새로운 기술을 활용한 혁신은 초기에 적자를 내다가 일정 기간 이후 수익성을 나타내기도 한다. 이러한 경우에 제대로 된 판단을 하지 못하고 시도를 하지 않으면 장기적으로 생존에 위협을 받을 수도 있다.

이런 경우에는 우선 불확실한 투자수익율에 대한 입장 정리가 필요하다. 단기적인지 장기적인지, 특정 부서의 수익성인지 전사의 수익성인지, 측정 가능한 수단과 방법론이 있는지 등을 점검할 필요가 있다. 수익성을 명확히 할 수 없을 때는 대응을 하지 않는 경우 생존에 위협을 받을 수 있는지 점검하는 것도 필요하다. 그리고 대응을 해야 한다면 어떤 방식의 대응이 합리적인지를 탐색해야 한다.

2) 투자회수 위험 vs. 미행동 위험: 축적 회피 시 시간의 보복

불확실한 투자에 대한 회피는 해당 기업의 본전을 유지시키는 것이 아니라 기업의 생존 가능성을 더욱 희박하게 만들고, 장기적 손실을 야기하는 미행동 위험(ROI: Risk of Inaction)의 가능성이 있다. 이러한 경우에는 축적성이 높은 변화여서 지금부터 쌓아가지 않으면 경쟁력을 확보한 기업이 나타날 때 당할 수밖에 없다. 특히 디지털 트랜스포메이션은 영향력이 크고 축적성이 큰 기술 영역을 활용하여 이루어지기 때문에 축적 지향적인 전략적 투자가 필요하다. 영향력이 크고 불연속적인 기술이 출현할 때에는 변화에 대응하기 위한 전략적 투자가 필요하듯이, 디지털 트랜스포메이션에 필요한 불연속적 기술도 전략적인 투자 접근이 필요하다.

실제로 GE는 불확실성에도 불구하고 투자를 하는 접근 방법을 취했다. 이는 CEO였던 제프리 이멜트가 강조한 혁신 중심의 유기적 성장이라는 전통을 잇는 것이기도 했다. 2001년 취임 이후 이멜트는 혁신을 통한 유기적 성장을 모색했는데, 이는 2005년에 구체화되었다. 그는 연 8% 수준의 성장을 선언하고, 유기적 성장을 이루는 데 있어 기업의 전체적인 성장 프로세스 틀을 'Execute for Growth: A Six-Part Process'에 맞추도록 했다.

여기서 그가 말한 혁신의 핵심은 두 가지다. 연구개발을 바탕으로 신제품을 창조하는 기술혁신과 마케팅을 통해 수익을 확보하는 마케팅 혁신이 그것이다. 그리고 6가지 성장 프로세스의 요소는 고객 만족의 우월성을 통한 성장 추구(고객), 아이디어 창출 및 이를 실현시키는 역량 구축(혁신), 최고의 제품과 콘텐츠 및 서비스 확보(Great Technology), 하나의 GE라는 가치를 달성하기 위한 세계적 수준의 판매 및 마케팅 역량, 전 세계 어디서든 기회를 창출하는 세계 시장 개발(글로벌화), 고객을 돕고 GE를 성장시키는 인력을 개발하는 것(성장 리더) 등이었다.

불확실성에 대한 도전은 무조건적으로 자금을 지원할 것이 아니라,

불확실성과 투자수익성에 대한 리스크를 계산하는 접근을 통해 이루어져야 한다. 단기적인지 장기적인지, 특정 부서 안에서의 투자 수익성인지 아닌지, 측정 가능한 수단과 방법론을 명확히 하여 리스크를 계산하는 방식으로 미래를 예측하고 가늠해야 한다. 이는 순현가법 (Net Present Value), 내부수익률법 등 전통적인 투자 결정 방식으로는 계산이 어렵다. 전통적인 투자 결정 방식은 미래 예측이 어느 정도 가능한 경우에는 일정 부분 들어맞지만, 미래 예측이 불가능한 상황에서는 오류가 발생할 수 있다. 따라서 이런 경우에는 가정의 현실 타당성을 전제로 '시뮬레이션'을 하거나 '가정이 현실화 되었을 경우에 일어나는 시나리오' 등을 검토해 ROI를 결정할 필요가 있다.

불확실성이 높은 시기에는 이에 적합한 의사결정 방식을 적용할 필요가 있다. 가령, Discovery-Driven Planning(DDP, 즉, '발견이 이끄는 기획')은 투자와 관련한 전제조건을 종합적으로 검토하는 최소 투자수익률 산출 방식으로, 혁신적 기술 투자에 적합한 방식이다. 이 방식은 최소 투자수익률 계산 시 특정 부서 혹은 장단기에 대한 가정과 전제조건을 명확히 하여 단기 혹은 부서 차원에서는 ROI가 없지만, 장기 혹은 기업 전체적으로는 ROI가 있는 것을 검토할 수 있는 여지를 제공해준다. 물론 그 반대의 경우도 마찬가지다.

또한 리스크 측정 방법이 존재하지 않을 경우에는 일정한 절차를 거처 리스크 수준을 가늠해 볼 수 있는 접근도 가능하다. 만약 새로운 기술 변화로 인한 위험이나 효과가 투자를 결정하는 부서의 범위를 넘어설 경우에는 해당 부서의 위험은 높게 평가되는 반면, 효과는 낮게 평가되어 제대로 된 의사결정이 이루어질 수 없다. DDP는 이러한 오류를 피하게 한다. 새로운 기술의 기회를 포착하기 위한 ROI 계산이 단위 부서 차원에서 잘못 결정되는지를 검토하고, 단계별로 위험성과 혜택을 계산하는 절차가 적절히 이루어지고 있는지를 검토할 수 있기 때문이다.

가령, GE가 제트엔진 연료노즐을 제작하기 위해 적층제조 기술에 투자를 결정할 경우를 예로 들어보자. 만약 적층제조에 대한 투자를 제작을 담당하는 생산 부서에서 결정한다면 투자는 거부될 것이다. 왜냐하면 연료노즐 제작비용이 5배가량 비싸기 때문이다. 그러나 GE는 이를 적용시키기로 결정한다.

GE 글로벌 리서치 센터의 기술이사인 크리스틴 퍼스토스(Christine Furstoss)는 이 결정에 대해 "적층제조 기술로 연료노즐을 제작할 경우, 기존 방식으로 제작한 것보다 5배나 비싸지만 25%나 가볍고 5배나 강하다고 해보자. 이러한 기술과 새로운 소재로 GE의 립(LEAP) 엔진이 가벼워지면 연료 효율성이 높아져 항공사는 연간 연료비를 비행기 한 대당 160만 달러(약 17억 원)가량 절약할 수 있다. 이와 같이 기술 투자

효과를 제품 수명 주기 전체로 바라보는 것이 중요하다. 이것이 바로 우리가 이해하고 활용해야 하는 혁신의 본질이다"라고 말했다. 이는 ROI를 계산함에 있어 특정 부서 차원을 넘어 기업 전체적인 차원에서 비용을 산출하고, 적층제조 투자 결과에 대해 고객이 누리는 혜택까지 고려했음을 알 수 있다. 이것은 기술 투자에 대한 의사결정에 있어 고객에게 깨어 있는 기업의 ROI 셈법이라고 할만한 것으로서 주목하여 살펴볼 필요가 있다.

또한 리스크를 계산하기 어려울 경우에는 '일단 해보고' 투자의 위험성과 혜택을 가늠해 보는 접근법을 취할 필요가 있다. 투자하려는 프로젝트에 소량의 자금을 투자하여 프로토타입을 만들어보게 하고, 이에 대한 피드백을 바탕으로 추가적 투자 여부를 결정하는 것이다. 즉, 장기간 걸릴 것으로 예측되는 특정 프로젝트에 큰 자금을 배분해 투자 위험을 높이기보다는 단기로 나눠서 투자하고, 타당성을 지속적으로 점검하면서 합리적 절차에 의해 지원하는 것이다. GE가 패스트 웍스의 혁신 방법론을 지원하기 위해 실행했던 벤처캐피털식 단계별 할당(Metered Funding) 방식이 이에 해당한다.

연구개발의 경우에는 투자의 ROI에 대해 해당 부서가 본격적인 프로젝트 추진 전에 기술 타당성을 사전 점검하는 과정을 허용하되, 공식적이 아닌 비공식적으로 점검하는 활동을 허용하는 것도 필요하다.

가령, GE의 경우 재무 부서의 ROI 검토 결과를 바탕으로 의사결정을 했다면 적층제조 기술에 대한 투자는 이루어질 수 없었을 것이다. GE 애비에이션은 2012년 모리스를 인수한 후 3D 프린팅 기술에 대해 알아보고 새로운 분야에 응용해보기 위해 몇 개의 기계를 멀리 떨어진 곳으로 옮기고, 구형 상업용 헬리콥터 엔진을 비밀리에 프린팅해 보았다. 이 작업에는 6명의 엔지니어들이 참여했다. GE의 모하마드 에티샤미(Mohammad Ehteshami) 부사장은 이에 대해 "우리는 이러한 사실을 재무 부서에 숨겼다. 왜냐하면 그들이 우리의 예산을 깎는 것을 두려워했기 때문이다"라고 밝혔다.

혁신적인 투자의 불확실성에 대해 CEO가 적극 도전하라고 강조하고, 방법론을 일러주고, 시험적으로 해보라고 독려한다고 해서 임직원들이 바뀌는 것은 아니다. 그들을 움직이려면 CEO가 불확실성을 감수한다는 구체적인 선언이 중요하다. 앞에서 본 GE Belief 중 '불확실한 세상에서 성과를 내라'는 말은 혁신을 위한 투자의 불확실성 감수를 인정하는 CEO의 선언과 같은 의미가 있다. 전략적 투자라고 해서 무조건 적극적으로 투자해야 하는 것은 아니다. 적합한 방법에 의한 합리적인 투자를 해야 한다.

4. 기술 인력의 하드웨어 중심 극복

　기업이 시대 변화에 적절히 대응하기 위해서는 현장 응용 지식을 갖춘 인력이 절대적으로 필요하다. 최근에는 무엇보다 3D 프린팅, 산업용 사물인터넷, 데이터 분석 관련 소프트웨어 및 소재, 기술에 대한 지식과 이를 현장에 적용하는 데 있어 시장 타당성을 점검할 수 있는 응용 지식을 갖춘 인력이 필요하다. 하지만 이에 대해서는 딜레마(소프트웨어 인력의 경우 최고의 인력이 제조업에 진출하기를 꺼리고, 기업 내에서 소프트웨어 인력이 주변부적인 위치에 처함)가 존재한다. 해당 분야의 인력 부재는 실행 단계에서 담당할 인력이 없음은 물론, 기획 단계에서 해당 기술의 ROI 산정 시 전문 인력이 없는 문제도 포함한다.

　기업을 혁신하려면 핵심 리더를 확보하고, 조직 리더를 움직여 결국 회사 전체 조직을 움직이게 해야 한다. 따라서 디지털 혁신은 소프트웨어 등 기술 인력을 일부 배치한다고 해서 해결되는 것이 아니다. 제조 인력의 노하우와 지식이 소프트웨어 및 데이터 등과 같은 관련 지식으로 전환되는 것이 중요하다. 하지만 대부분의 기업에서 이를 수행할 수 있는 인력은 절대 부족한 것이 현실이다.

　제조업 중심의 GE 또한 여러 사업부를 아우르는 소프트웨어 전략이 없었다. 그 와중에 소프트웨어 전략을 세워야 하는 상황에 직면했다. 그래서 GE는 각 사업부별로 만들어지고 있는 소프트웨어를 전사적 차원에서 효율적이고 체계적으로 개발하고, 시너지를 낼 수 있도록 기존 사업부의 디지털 트랜스포메이션을 도와줄 인력을 확충하게 된다. 이때 이멜트가 낙점한 인물이 빌 루였다. 그는 처음에는 GE의 요청을 받아들이지 않았다. 하지만 이멜트가 제시한 미래 전략과 설득 때문에 그는 GE로 자리를 옮겨 소프트웨어 인력 충원에 앞장서게 된다. 그리고 이를 통해 GE를 소프트웨어 기반 제조업으로 변화시킨다.

GE는 '제조업의 디지털 트랜스포메이션'을 위해 대대적으로 소프트웨어 인력을 확충한 최초의 제조 기업이다. 이것의 대표적인 사례가 2,000명 규모로 인력을 충원한 샌 라몬(San Ramon)의 소프트웨어 센터다. 무엇보다 그들이 직면한 가장 어려운 점은 소프트웨어 인력들이 제조업 분야로 진출을 꺼리는 것이었다. 이를 극복하기 위해 GE는 각종 소프트웨어 인력 충원 관련 광고에 'GE는 더 이상 하드웨어 중심 회사가 아닙니다'라는 헤드 카피를 내걸었다.

처음에는 당연히 사람들이 모이지 않았다. 우수한 소프트웨어 인재들은 GE가 소프트웨어 조직을 만든다는 데 의아해했고, 굳이 오려고 하지도 않았다. 소프트웨어 엔지니어들을 위하여 캘리포니아 샌 라몬에 구글 분위기의 사무실을 만들고, 보상 체계를 새롭게 설계한 후에야 사람들이 조금씩 모이기 시작했다.

이와 함께 GE는 "우리는 비행기, 기차, 의료기기 등 다양한 기계들이 알아듣는 새로운 언어를 만들 것이다"라며 TV 홍보도 대대적으로 진행했다. 특히 〈오웬에게 무슨 일이 일어났는가?(What's the Matter with Owen?)〉라는 TV 홍보 시리즈는 일반 대중들에게 큰 인기를 끌며 GE가 무엇을 하려고 하는지를 알리는 데 일조했다. 예컨대 '망치(Hammer)' 편에서는 GE에 소프트웨어 엔지니어로 입사했다는 손자에게 할아버지가 "나는 GE에 입사한 네가 정말 자랑스럽다. 앞으로 너에게는 이것이 필요할 것이다"라며 망치를 내놓는 장면은 보는 사람들로 하여금 폭소를 자아내게 했다.

GE의 〈오웬에게 무슨 일이 일어났는가?〉 광고 시리즈 중 '망치' 편

그 결과, GE의 소프트웨어 인력 충원은 2011년 말 30명 정도에 불

과했으나 2017년에는 2,000명으로 늘어났다. 이들 가운데는 페이스북과 구글에서 근무한 경력을 지닌 엔지니어도 포함되어 있었다. 이는 소프트웨어 인력이 중추적인 역할을 하는 전략을 토대로 이루어졌다는 점에서 기존의 인력 채용과는 다르다고 할 수 있다.

2014년까지만 해도 GE에는 약 8,000명의 소프트웨어 인력이 있었다. 하지만 이들은 각 사업부별 제품 특성에 따라 필요한 소프트웨어를 만드는 인력이었다. 새롭게 이루어진 GE의 소프트웨어 인력 충원은 여러 사업부를 아우르는 소프트웨어 전략을 바탕으로 전사적 차원에서 시너지를 낼 수 있도록 소프트웨어를 개발하고, 각 사업부의 디지털 트랜스포메이션을 돕기 위한 것이었다.

기업 인수도 기술 인력 충원의 한 가지 방법이었다. GE는 적층제조를 제조혁명의 중요한 기술로 보고, 이에 대한 인력 문제를 모리스 테크놀로지, 콘셉트 레이저 등 세계적인 3D 프린터 업체를 인수해 해결하려 했다.

5. 비즈니스 모델 창출의 한계 극복

4차 산업혁명 시대를 맞아 제조업체들은 온라인 비즈니스 모델이 매우 중요하다는 것을 인식하고 있다. 하지만 새로운 비즈니스 모델을 창출해도 성공 가능성이 낮다는 것은 딜레마라고 할 수 있다. GE와 같이 중후장대형 제품을 생산하는 기업은 온라인 환경을 활용한 비즈니스 경험이 거의 없다. 따라서 구글 등과 같은 ICT 기업의 비즈니스 모델을 바탕으로 제조업 비즈니스 모델을 개발해야 할 것이다. 하지만 이에 대한 경험을 갖춘 인력 또한 거의 없다.

새로운 비즈니스 모델에 대해 인식하고, 추진하려면 소프트웨어 기반의 비즈니스 모델에 대한 지식을 갖춘 인재가 있어야 한다. 하지만 이러한 인재가 없을 가능성이 높다. 인재가 있어서 소프트웨어 비즈니스 모델 아이디어를 구체화해 보텀업으로 올린다 하더라도 하드웨어 출신 최고경영자가 이를 인정하지 않을 수도 있다. 혹은 최고경영자가 인정하더라도 비즈니스 모델 변화를 기존 틀이나 방식으로 인지할 가능성도 높다.

이러한 사례를 코닥을 통해 알아보자.

코닥은 디지털 이미징(Digital Imaging) 분야에 투자하고, 2001년 5월 오포토(Ofoto)를 인수해 사진 공유 사이트를 운영했다. 이를 통해 디지털 및 온라인화되는 기술 변화에 발 빠르게 대응하고, 자신의 사진을 공유하고 싶어 하는 고객들의 욕구를 충족시키려 했다. 그러나 코닥은 여전히 사진기와 인화지 등을 공급해 만들어진 사진을 공유하는 기업, 즉 사진(Photography)에 초점을 맞추고자 했다. 오포토는 사진을 프린트하는 사이트로 활용되었다. 코닥은 온라인 환경을 자신이 알고 있는 비즈니스 모델로 활용했을 뿐 거기서 한걸음도 더 나아가지 못했다. 코닥은 새로운 기술 및 시장 환경에서 고객에게 제공할 수 있는 가치 명제를 새롭게 세우고, 이에 따른 비즈니스 모델을 제공하는 데 실패한 것이다. 이렇게 비즈니스 모델 변화에 대응이 어렵다고 판단될 때는 해당 비즈니스를 매각하거나 포트폴리오를 조정하는 것도 하나의 대안이다.

새로운 비즈니스 모델을 추진할 경우에는 반대 세력이 존재할 가능성이 높다. 제조업에서는 구글, 아마존 등의 산업과 달리 제조 현장에 쌓인 노하우와 지식을 데이터화하는 것이 중요하다. 기업 전체가 변화하되 기존 인력들이 일하는 방식을 근본적으로 바꾸어야 한다는 점에서, CEO 차원의 강력하고 지속적인 추진도 필요하다. 비즈니스 모델 변화는 회사 전체에 영향이 크다는 점에서 CEO의 추진 의지가 제품이나 서비스의 변화보다 더 중요하다.

제조업의 발전을 견인하는 비즈니스 모델은 인터넷과 연결된 디지털 비즈니스 모델로, 이를 추진하기 위해서는 소프트웨어 및 인터넷 비즈니스에 대한 경험과 방향 감각이 있는 인력이 필요하다. GE는 2011년 시스코 출신의 빌 루를 영입하고 소프트웨어 인력을 대거 충원함으로써 그 추진의 타당성을 모색했다. 비즈니스 모델은 소프트웨어 인력 등을 중심으로 유사 비즈니스 모델을 경험했거나 깊게 이해하고 있는 인력이 추진해야 성공 가능성이 높다.

GE의 새로운 비즈니스 모델은 소프트웨어 인력이 CEO에게 건의해 이루어졌고, 6개월 동안 이멜트가 고민을 거듭한 끝에 결정이 내려졌다고 이미 언급한 바 있다. 따라서 이와 같은 검토 과정과 준비가 존재하느냐의 여부가 제조업의 비즈니스 모델 추진에 있어 중요한 출발점을 제공한다고 하겠다.

6. 로컬에 의한 로컬을 위한 혁신

GE는 인도나 중국 등 해외의 신흥 시장이 기존의 미국 시장보다 크고 성장 속도가 빠름에도 불구하고 본사 중심의 사업부 운영에 따른 혁신을 추진해왔다. 그러다 보니 GE는 시장 수요에 대한 반응이 느리다는 문제점을 안고 있었다. 즉, 다국적 기업으로서 아시아권 고객에게 깨어 있지 못한 문제점을 지니고 있었다.

가령, GE 제품은 중국이나 인도 시장에서 비싸다는 문제점이 있었다. GE의 제품 디자인은 미국의 수요층과 이들을 만족시키는 기술력에서 비롯된 것이었다. 따라서 소득이 크게 낮은 중국이나 인도의 수 요층에게는 맞는 않는 제품이었다. 이런 경우에 다국적 기업은 기존 제품의 디자인을 개량하는 수준에 머무른다. 이러한 문제점을 인식한 현지 기업이 다국적 기업보다 가격 대비 높은 품질의 제품을 출시하 면 경쟁력을 잃게 된다. 결국 이러한 현상이 인도와 중국 시장의 부상 과 함께 현실화되면서 GE의 기존 방식은 한계를 드러내게 된다.

이로 인해 GE는 현지 인력을 중심으로 시장을 탐색하고 기존 제품 을 개량하는 것이 아닌 현지에 맞는 제품, 즉 기존 제품과 다른 구조, 다른 방식으로 제품을 개발해 시장에 제공하는 접근이 필요해졌다. 이런 제품은 기존 제품에 비해 월등하게 싼 제품이기에 본사의 연구 개발 팀이 비협조적일 수 있고, 고가 위주의 브랜드를 구축해온 마케 팅 담당자의 저항을 불러올 수 있었다. 이는 곧 시장에 혁신적인 대안 을 내놓지 못한다는 문제점을 갖고 있었음을 의미한다.

그래서 GE는 1995년 후반부터 자율적으로 이익 및 손실을 관리하 는 지역성장 팀(Local Growth Team)을 배치하여 혁신을 주도했다. 그리고 본사는 이에 협조하는 모양새를 갖추고, 본사에서 역량을 갖추지 못 한 것은 현지에서 실험하는 형태를 취했다. 그 결과, 인도와 중국에서 개발된 값싸고 좋은 품질의 제품이 오히려 미국으로 수출되는 '역혁신 (Reverse Innovation)'이라는 결과가 나타나게 되었다.

그 후 GE는 2011년 홍콩에 본사를 둔 글로벌 성장조직(Global Growth Organization)을 출범시켰다. 이는 12개의 전 세계 지역 조직을 합친 것으로, 현지의 주요 시장을 위한 제품 개발 및 판매 서비스는 물론, 필요에 따라 글로벌 자원을 끌어올 수 있는 권한도 가졌다. 제품 개발 시에는 기존 제품을 개량하는 것을 넘어 원점에서 출발해 개발하기도 했다. 글로벌 성장조직은 마치 새로운 기업을 탄생시키듯 밑바닥부터 만들어 나갔는데, 예를 들면 개발, 구매, 제조, 마케팅, 서비스 등 모든 것을 관장하는 사업부를 만들기도 했다. 또한 목적, 타깃, 성과 지표까지도 현지에 맞게 새롭게 만들었으며, 이를 본사 중역에게 성과로 보고했다.

〈GE 조직도(2011년)〉

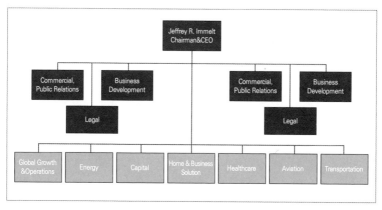

자료: GE, Ketchen and Short, 2015

글로벌 성장조직이 출범한 2011년 GE는 중국에 처음으로 혁신센터를 설립했다. 그리고 중국에서의 성공으로 인해 혁신센터를 다른 곳으로 더욱 확대하게 되었다. 이를 통해 GE가 지역에서 혁신을 촉진하는 방향으로 이동했음을 알 수 있다.

지역의 혁신활동은 본사 사업부와 글로벌 성장조직의 공동 펀딩으로 이루어졌다. 글로벌 성장조직은 혁신센터 리더, 사업부, 고객, GE 글로벌 리서치 센터, 다른 외부 전문 파트너와 협력한다는 점에서 수평적 협력의 주체로, 마케팅 및 상업적 전문성을 가지고 사업부를 돕는 역할을 담당했다.

고객 성과 중심의 인터넷 비즈니스 모델을 추진하는 GE 입장에서 이러한 접근은 글로벌 시장에서 고객에게 빠르게 대응할 수 있는 토대를 마련했다고 할 수 있다. 특히 디지털 혁신으로 새롭게 태어나는 신제조업의 경우, 개별 고객에게 빠르게 솔루션을 공급하려면 가까운 곳에서 공급할 필요성이 있다. 글로벌 성장조직은 이것이 가능한 구조를 마련해주었다. 특히 GE가 인도에 만든 복수 모드 공장(Multi Modal Factory)은 향후 산업 인터넷 비즈니스화가 진전되고 적층제조가 진척됨에 따라 사업부를 넘어서는 생산을 할 것으로 보인다. 이렇게 보았을 때, 산업 인터넷 이니셔티브가 본격화된 시기에 GE의 글로벌 성장조직이 출범한 것은 결코 우연이 아니라고 할 수 있다.

7. 글로벌 생태계 조성

GE는 하드웨어의 디지털화에 따라 운영체계(OS)와 플랫폼 영역에 진출했다. GE의 프리딕스는 플랫폼이자 운영 시스템이기도 하다. GE는 클라우드에서 프리딕스 플랫폼을 통해 자사의 가스터빈이나 풍력 발전기뿐 아니라 타사 제품이나 하드웨어까지 작동하도록 하고 있다. GE보다 늦게 출발한 지멘스와 보쉬에서도 이와 유사한 움직임을 가시화하고 있다. 보쉬의 경우, 중국 자동차 회사가 자사의 IoT 플랫폼인 Bosch IoT Suite를 화웨이의 클라우드를 통해 활용하도록 하고 있다. 또한 유럽의 쿱이라는 전동 스쿠터 공유 서비스 회사도 대만에 스쿠터를 제공하는 데 보쉬의 플랫폼을 이용하고 있다.

이러한 운영체계와 플랫폼은 그 위에서 움직이는 응용 소프트웨어, 즉 앱이 많을수록 가치가 높아지는 네트워크 외부성(Network Externality)을 가진다. 이에 대한 대표적인 사례로는 마이크로소프트의 윈도우 운영체계와 넷플릭스 플랫폼을 들 수 있다.

GE는 프리딕스 중심의 생태계 조성을 위해 앱을 만드는 파트너나 개발자들을 위한 워크숍을 개최하고 있다. 그리고 '마인드&머신즈 컨퍼런스'를 통해 산업 인터넷 비즈니스에 대한 GE의 성취를 홍보해오고 있다. 이러한 활동들은 오픈 혁신과 자사의 운영체계 및 플랫폼을 바탕으로 수평적 협력 생태계를 조성하기 위함이다.

또한 GE는 AT&T, 시스코, IBM, 인텔 등과 함께 2014년에 설립한 산업인터넷컨소시엄에 창립 멤버로서 설립 자금을 제공하고, 주도적 역할을 하며 산업 인터넷 생태계를 조성하기 위해 노력해왔다. 현재 산업인터넷컨소시엄에는 약 200여 개의 기업과 협회, 대학 등이 참여하고 있다. 산업인터넷컨소시엄은 산업 인터넷 비즈니스가 실현될 수 있도록 공통의 아키텍처 개발은 물론, 이에 대한 구체적인 테스트 베드를 실현함으로써 사실상의 표준(De Facto Standard)을 정착시키고, 이 과정에서 글로벌 전문가 네트워크를 구축해 글로벌 인터넷 비즈니스 생태계를 조성하려 하고 있다.

02
비즈니스 모델을 바꾸고 있는 GE

　1990년대 소비자 서비스 기업들이 추구한 디지털 변신의 핵심은 인터넷을 활용한 비즈니스 모델과 서비스의 발전에 있었다. 이를 가능하게 한 핵심기술은 인터넷과 소비자용 PC 소프트웨어였다. 그 당시 소비자 서비스 기업들이 초점을 둔 부분은 고객과의 디지털 네트워크를 활용한 '고객 문제 해결'과 '성공적 경험' 제공이었다. 예를 들면, 아마존은 '광범위한 책 선택 및 빠른 배달'로 서적 유통업의 성격을 완전히 바꾸었다. 즉, 서점을 방문했을 때 '고객이 사려는 책이 없는 문제'를 해결하고, '성공적 쇼핑' 경험이 일어나게 하는 데 초점을 두었다.

　그런데 2010년대를 전후하여 제조업 등 하드웨어 중심 산업에서도 인터넷을 활용해 '고객의 문제 해결'을 통한 '성공적 경험'을 제공하는 방식이 나타났다. 즉, 서비스업과 유사한 모델이 제조업에서도 출현한 것이다. 과거에 '물건'을 팔던 비즈니스 모델에서 '성공적 고객 경

험이나 성과'를 가능케 하는, 서비스 요소의 비중이 증대되는 모델이 등장한 것이다. 이러한 비즈니스 모델에서는 비즈니스 활동, 즉 연구 개발, 제조, 마케팅 등의 영역에서 인터넷 매개 활동이 더욱 중요해진다. 이러한 점에서 인터넷과 서비스 비중이 늘어나는, '인터넷화 및 서비스화'되는 제조업을 통칭하여 '신제조업'이라고 한다. GE는 제조 기업 가운데 이러한 새로운 비즈니스 모델 지향의 디지털 트랜스포메이션을 모색하는 선도적인 사례를 제공할 뿐만 아니라 신제조업의 선도 모델을 제공하는 사례이기도 하다.

1. 제조업의 '구글': 제조업의 새로운 비즈니스 모델 제시

우선 GE가 제시하고 있는 제조업의 새로운 비즈니스 모델에 대해 알아보자. GE의 새로운 비즈니스 모델은 아래의 세 가지 모델 가운데 세 번째인 OBB 모델에 해당하는 것으로, 기존의 기본적인 비즈니스 모델이나 CSA 모델과는 차별화된다. 세 가지 모델을 하나씩 설명해 보자.

1) 기본적인 비즈니스 모델

기존에 물건을 판매하는 방식의 비즈니스 모델로, 거래를 해서 개발된 물건을 양도하는 방식이다. 여기에는 판매 후 유지 관리와 정비 및 수리 서비스로 수입을 얻는 방식도 포함된다. 현재 제조업에 보편적으로 퍼져 있는 비즈니스 모델이므로 자세한 설명은 생략한다.

2) CSA 모델

CSA(Contractual Service Agreement) 모델은 서비스를 판매하는 비즈니스 모델로서, 판매한 제품의 최적화된 활용에 관한 것이다. 서비스 판매는 GE가 제공한 제품(고객사 입장에서는 자산)의 총괄적 운영과 관리를 위한 정기적인 유지 및 관리 계약으로 이루어진다. 이는 고객사의 자산 보유 위험과 비용을 줄이는 접근방식의 서비스다. 고장 수리 보험(Break Fix Insurance)은 고장 위험에 대해 고객사와 공급사가 공동으로 비용을 분담하고 위험에 대해 공동 대응하는 것이지만, 이는 예지 관리(Preventive Maintenance) 및 수리에 대한 것으로서 보험보다 더 깊은 내용을 포함한다.

GE는 계약을 통해 고객의 특정한 요구사항과 목표를 만족시키기 위한 탄력적인 서비스 패키지를 제공하고, 장비가 최적의 성과를 보장하도록 고객사에 지불할 예산(Budget)을 산출하여 제공한다. 또한 안정적 운영이 이루어지도록 예비 및 교체 부품 계획도 제공한다. 이들 서비스 가운데 일부의 예를 들면 풍력 터빈의 최적화, 고장 시간을 줄이기 위한 에어컨 교체 시기 예지 서비스 등이 있다. 이 모델은 서비스를 계약 형태로 판매하는 것으로서 다음에 설명할 OBB 모델의 밑바탕이 되었다.

〈GE 서비스 모델의 진화〉

자료: Lakhani, Iansiti et al(2014)

3) OBB 모델

OBB(Outcome Based Business) 모델은 CSA 모델이 확대되고 체계화되어 앞선 디지털 기술 활용이 가능한 비즈니스 모델이다. 고객이 구매한 GE 제품(예: 엔진, 터빈)에서 실시간으로 데이터를 받아 제품의 사용 현황과 문제 발생 사항 등을 분석해 고객이 필요로 하는 사항을 파악하고 만족할 만한 성과가 나오도록 솔루션을 제공하는 접근법이라고 할 수 있다. 이를 가능케 하는 기술이 바로 디지털 트윈이다. 자사가 공급한 제품의 디지털 트윈에 실물 데이터와 정보가 실시간으로 반영되면 제품의 사용 현황과 문제 발생 사항을 실시간으로 점검하는 것이 가능해진다.

GE는 디지털 트윈을 세계 최초로 공개하는 행사를 2015년 '마인즈 플러스 머신(Minds + Machine) 컨퍼런스'에서 시연한 바 있다. 시연한 디지털 트윈은 가스터빈의 과거 데이터와 실시간 상황 데이터를 분석하여 향후 일어날 문제를 미리 알리고 선택 가능한 대안까지 제시했다. 이는 디지털 트윈 가운데 현재까지 시연 가능한 가장 성숙된 형태의 것이었다. 통상적으로 언급되는 디지털 트윈은 이 정도 수준에는 이르지 못하지만, GE의 디지털 모델은 실물과 실시간으로 연결되어 '디지털 구현(Digital Representation)'이 가능한 것을 의미한다고 할 수 있다. GE는 2016년 기준 약 55만 개의 디지털 트윈을 갖춘 것으로 알려져 있다.

OBB 모델은 장비와 데이터 분석이 가능한 GE 제품을 연결하고, 필요한 기술을 적용해 고객사의 재무 및 운영 데이터 관련 솔루션을 개발하는 것을 포함한다. 이것의 대표적인 모델이 바로 GE 에비에이션이다. GE 애비에이션은 고객에게 성과를 보장하고, 그 결과에 대한 수입을 얻는다. 즉, GE의 엔진을 사용하는 고객에게 성공적인 성과를 파는 비즈니스 모델인 것이다. GE의 엔진을 사용하는 고객(고객사)은 항공사다. 그렇다면 그들에게 있어서 성공적인 엔진 사용의 성과로는 무엇을 들 수 있을까?

무엇보다도 고장 없는 엔진 사용을 들 수 있다. 그렇게 되면 고객사는 비행기의 지연 출발이나 결항 등으로 인해 발생하는 하루 수억 원 혹은 수십억 원의 매출 감소를 피할 수 있게 된다. 둘째로 유류비를 절감하는 엔진 사용이다. 비행기의 항로 및 착륙 경로는 유류비에 큰 영향을 미친다. 런던에서 뉴욕까지의 유류비를 대략 23,600유로(2,360만 원)라고 가정하자. 이때 최적 항로 및 착륙에 따라 연료 사용량이 1% 줄어든다면 비행당 23만 원의 비용을 줄일 수 있을 것이다. 그리고 이를 1년에 200번으로 가정하면 연간 4,600만 원의 비용을 줄일 수 있을 것이다.

그렇다면 GE는 이를 통해 무엇을 얻게 될까?

첫째로 '무고장 엔진관리'의 사용료를 받는다. GE 애비에이션은 판매한 비행기에서 수신되는 천문학적인 데이터를 수집하고 분석함으로써 사전 예지 정비가 필요한 시기를 미리 파악해 항공사가 고장 없이 엔진 사용을 하게 되면, '무고장 시간을 파는 것'이 가능하다.

둘째로 '저연비 엔진 관리하기'에 대한 요금을 청구하여 수입을 얻는다. 이는 엔진으로부터 수신되는 데이터를 분석해 기존보다 유류비를 1% 절감할 수 있는 비행기 항로 및 착륙 경로를 고객사에 알려줌으로써 수입을 얻을 수 있다.

전기를 생산하는 GE의 고객사인 이온(E.ON)의 윈드팜(Wind Farm)을 예로 들어보자. 이온은 더 많은 전기를 생산할 필요성에 직면했다. 이러한 고객사에 대한 GE의 기존 비즈니스 모델은 터빈을 더 많이 판매하는 것이었다. 반면에 성과를 보장하는 비즈니스 모델은 센서를 부착해 데이터를 추출한 후, 첨단 분석기법을 통해 터빈과 풍력 에너지 장비의 보다 효과적인 운영으로 더 많은 전기를 생산하도록 하는 데 있다. 이렇게 개선된 성과에 대한 이익의 일부를 청구해 GE는 수입을 얻는다. 한마디로 말해 '터빈으로 보다 많은 에너지 산출하기'를 고객에게 팔고, 이에 대해 요금을 청구하는 것이다.

이러한 비즈니스 모델은 고객사의 협조가 절대적이다. 데이터 공유는 물론 다른 면에서도 협조를 구해야 한다. 예를 들어 이온의 경우에는 윈드팜의 에너지 성과를 향상시키기 위한 두 가지, 즉 장비 구입 지출(자본재 지출 예산)과 운영비에 대한 합의를 해야 한다. 즉, 디지털 팀은 이온의 구매 부서 및 회계 부서 담당자는 물론, 기술자와도 성과 측정에 대한 사항을 다루기 위해 밀접하게 일해야 한다. 그러기 위해

서는 구매, 자산관리, 재무 및 운영에 이르기까지 여러 분야의 합의가
필요하다. 구체적인 방법론의 합의는 물론, 화이트페이퍼를 통한 공
유, 이온 터빈에서 기술을 실험해보는 것까지를 모두 포함해 이루어
져야 하는 것이다.

2. 최초의 산업용 인터넷 플랫폼 개발

1) 클라우드 기반의 플랫폼, 프리딕스

프리딕스는 세계 최초의 산업용 인터넷 플랫폼으로, 클라우드에 바
탕한 서비스 제공 플랫폼이다. 이는 제조업에서 플랫폼 비즈니스를
구현시켰다는 데 큰 의미가 있다. 2015년 상용 출시된 프리딕스와 경
쟁하는 산업용 사물인터넷 플랫폼으로는 2017년에 지멘스가 출시한
마인드 스피어가 있다. 지멘스는 부품 제조를 위한 적층제조 플랫폼
을 마인드 스피어와 다른 플랫폼으로 공개하며 산업용 플랫폼 지형에
새로운 변화를 가져왔다.

GE의 프리딕스는 산업용 기기로부터 데이터를 모으고 분석하기 위
한 소프트웨어 플랫폼이다. 데이터를 모으고 분석하기 위해서는 여
러 가지 소프트웨어가 필요한데, GE는 이들 소프트웨어를 운영하기

위해 필요한 공통의 소프트웨어를 프리딕스로 개발했다. 프리딕스는 기계, 데이터, 사람을 연결하는 표준화된 방법을 제공함으로써, 자산의 성과관리(APM, Asset Performance Management) 및 운영의 최적화(Operations Optimization) 등 산업 스케일을 분석하기 위해 만들어졌다.

PC 운영 시스템인 윈도우가 워드 프로세서, 프레젠테이션, 스프레드 시트, 인터넷 서핑을 위한 소프트웨어라면, 프리딕스는 데이터의 수집과 저장과 분석 관련 앱을 운영할 수 있는 시스템으로 개발된 것이다. 프리딕스는 클라우드 파운드리 오픈 소스 기술(Cloud Foundry Open Source Technology)에 바탕을 두고 클라우드에서도 작동하지만, 분산된 아키텍처(Architecture)를 바탕으로 기계에서도 작동한다. 기계의 버추얼 복사본이라고 할 수 있는 디지털 트윈은 프리딕스를 바탕으로 만들어지는데, 축적된 데이터를 담고 있는 디지털 트윈은 여러 시나리오의 시뮬레이션을 가능하게 한다.

프리딕스라는 이름은 2013년에 붙여져 2015년 8월에 상용 출시되었고, 2016년 2월에 전 세계 개발자들에게 공개되었다. GE가 출시한 프리딕스는 상용 출시한 지 10년도 되지 않는 아직 초기의 운영 시스템이라 할 수 있다. 프리딕스는 GE가 생산하지 않는 기계나 사용하지 않는 센서 및 앱도 작동하는 것을 지향한다. 즉, 프리딕스 사용을 확산시켜 제조업 생태계 내에서 표준 플랫폼으로 정착을 꾀하고 있는 것이다.

이는 GE가 생산하는 산업용 기기와 운영 소프트웨어가 모두 따로 만들어지고, 이들 간에 일관성이 없으며, 소프트웨어 전략이 없다는 반성 이후에 추진된 산업 인터넷 이니셔티브와 관련이 있다. 프리딕스의 출범은 이들 소프트웨어의 공통된 부분을 다루기 위한 플랫폼 제공이 출발점이었다고 할 수 있다. GE 디지털의 빌 루에 따르면 "GE 제품은 각자 다른 플랫폼과 아키텍처, 기술과 공급자 세트를 가지고 있었다"고 한다. 그래서 GE 여러 사업부의 요구사항을 만족하는 플랫폼을 추진했다고 한다.

2) 프리딕스를 통한 산업 생태계 구축: 고객, 파트너, IIC, 개발자, 앱

GE의 프리딕스는 다양한 적용을 통해 협력 관계의 생태계로 확장 중이다. 인도의 푸네(Pune)와 미국의 그린빌 등에서 가동되는 GE의 '생각하는 공장(Brilliant Factory)'은 프리딕스 플랫폼을 활용하여 운영되고 있다. 또한 다른 산업 분야에서 GE와 협력하고 있는 다양한 기업들도 프리딕스 플랫폼을 활용하여 생산성을 향상시키고, 제조 공정의 최적화를 추진하고 있다. 예를 들어 글로벌 전자상거래 관련 솔루션과 우편물 발송 전문 기업인 미국의 피트니 보우스(Pitney Bowes)는 프리딕스를 활용하여 기계당 생산성을 20% 개선하고, 부품 교체 비용을 15%

절감했다고 한다. 그리고 프리딕스 포트폴리오 앱(Predix Portfolio Applications)이라고 불리는 산업용 앱은 현재 산업용 고객의 약 8%가 사용하고 있다고 한다.

2018년 2월에는 포스코가 스마트 팩토리 플랫폼인 '포스프레임(PosFrame)'을 GE의 '자산 성과관리 솔루션'과 결합해 하이브리드형 플랫폼으로 개발한다고 발표한 바 있다. 그 외에도 GE는 소프트뱅크 등 통신회사, 시스코와 인텔 등 장비업체, 월드테크 등 사이버 보안 솔루션 업체, 액센츄어와 인포시스 등 IT 기업, 피보탈(Pivotal) 등 클라우드 업체, PTC 등 사물인터넷 플랫폼 회사와 협력하여 생태계를 확장해 가고 있다. 또한 2016년에는 엘리베이터 업체인 쉰들러와 프리딕스의 소프트웨어, 특히 첨단 분석 기법을 사용하여 엘리베이터의 고장 가능성을 줄이고, 고객 경험을 향상시키는 공동의 노력을 위한 전략적 제휴를 발표한 후 현재 실제로 현장에 적용해 운영되고 있다.

또한 GE는 생태계를 확장하기 위해 2016년 8월에 개발자를 위한 컨퍼런스를 열고, 2017년에는 글로벌 파트너 미팅(Global Partnet Summit)을 개최하는 한편, '마인드&머신즈 컨퍼런스'를 열어 프리딕스 포트폴리오 관련 소프트웨어를 선보였다. 그 결과, GE를 디지털 제조 기업으로 소개한 '마인드&머신즈 컨퍼런스'에 2014년에는 400명, 2015년에는 1,500명, 2016년에는 2,700명, 2017년에는 3,700명이 참여하면서 지속적으로 그 수가 늘어났다.

프리딕스가 안드로이드나 윈도우와 같이 운영체계로서 성공하기 위해서는 클라우드 기반으로 움직이는 장비나 기계가 많아져야 한다. 그래야 네트워크 외부성(많은 장비나 기계에 쓰일수록 해당 운영체계의 가치가 올라가는 효과)이 작용해 더 많은 이들이 쓸 수 있기 때문이다. 그러기 위해서는 관련 응용 소프트웨어가 많아져야 한다. 또한 보다 많은 고객이나 사람이 프리딕스를 채용할수록 지배적인 위치를 차지할 수 있다. 따라서 프리딕스의 성패는 생태계의 조성이 무엇보다 중요하다고 할 수 있다.

03

인터넷 비즈니스 제조 공장, 브릴리언트 팩토리

1. 브릴리언트 팩토리와 스마트 팩토리, 적층제조

GE의 브릴리언트 팩토리는 '데이터를 실시간으로 활용하여 공정과 작업을 최적화하는 방식'을 지향한다는 점에서 GE판 '스마트 팩토리' 라 할 수 있다. 브릴리언트 팩토리는 사물인터넷, 적층제조, 데이터 분석 등 최신 첨단 제조기술을 적용해 제품 설계, 생산, 서비스 방식 을 새롭게 구축하고, 생산 속도를 높여 고객에게 보다 나은 가치 제공 을 지향하는 혁신적 공장이다. GE의 브릴리언트 팩토리에 프리딕스 플랫폼 기술이 적용되는 것은 물론이다.

GE의 브릴리언트 팩토리를 독일의 인더스트리(Industry)4.0 관련 '스 마트 팩토리'와 비교해본다면 비슷한 부분도 존재하지만 상대적으로 차별화된 부분도 존재한다. GE의 브릴리언트 팩토리는 독일의 '스마트 팩토리'에 비해 적층제조 기술 활용이 보다 더 강조된다.

4차 산업혁명기 기업의 특징이 고객에게 개별화된 경험 또는 성과의 가치를 가진 제품과 서비스 제공이고, 이에 부합하도록 각 고객에게 맞춤화, 개별화된 제품을 제공하는 기술이 적층제조 기술이라는 것은 이미 앞에서 설명했다. 또한 인터넷으로 연결된 사이버 공간에 존재하는 제품 디자인을 바로 '프린트하는 방식'으로 생산하기 때문에 인터넷 및 서비스와 결합된 '새로운 비즈니스 모델'에 의한 생산을 가능하게 한다는 점도 앞에서 다루었다(2장의 '하이 임팩트 기술의 등장' 참고).

GE의 브릴리언트 팩토리는 이처럼 고객에게 개별화된 경험 또는 성과의 가치를 가진 제품을 제공하는 데 있어 보다 선도적 위치를 선점하고 높은 생산성을 실현하기 위한 생산 방식의 실험이라 할 수 있다. GE의 인도 푸네 공장은 겉으로만 보면 기존 공장과 크게 다르지 않다. 다만 3D 프린터가 그 차이일 뿐이다. 다양한 고객의 주문 데이터를 3D 프린터로 생산하는 것이 외부인의 눈에는 잘 보이지 않을 것이다. 3D 프린터는 다양한 물건과 디자인을 소화하는 기기로 특별한 공정이 존재하지 않기 때문이다. 단지 같은 3D 프린터가 다양한 물건과 다양한 디자인을 생산할 뿐이다.

2. 적층제조 기술을 활용한 GE의 복수 모드 공장

GE의 브릴리언트 팩토리 중에는 적층제조 기술을 활용한 복수 모드 공장(Multi Modal Factory)도 존재한다. 복수 모드 공장은 산업 범주를 넘어서 제품을 생산하는 공장을 의미한다. GE의 브릴리언트 팩토리 중 대표적인 공장이라 할 수 있는 인도의 푸네 공장은 단일 공장 내에 기존의 산업 범주를 넘어서는 생산활동을 진행하는 곳으로, 제트 엔진 및 기관차, 윈드 터빈 및 수처리 장치(Water Treatment Units) 등의 영역에서 필요한 부품 및 제품을 생산하는 공장이다. 이는 하나의 공장에서 항공, 발전, 농업 부문을 담당하는 것을 의미하며, 적층제조를 담당하는 3D 프린터가 제품의 디자인만 변경하면 바로 생산해 낼 수 있다는 특징을 가지고 있다. 이 때문에 산업의 경계를 넘는 제품 생산이 가능하다. 푸네 공장은 이러한 복수 모드 공장을 최초로 구현한 공장이다.

이러한 복수 모드 공장을 세우면 여러 공장에서 따로따로 생산하여 공급하는 것보다 수요처가 있는 곳에서 제품이나 부품을 생산하는 것이 가능해져 높은 생산성을 가져온다. 따라서 GE가 적층제조 기술을 활용한 복수 모드 공장을 인도에서 구현한 것은 나름의 의미가 있다고 할 수 있다.

이렇게 사이버 공간에 옮겨진 브릴리언트 팩토리는 기계 상호 간에 정보 공유가 가능하다. 만약 공급망 업체가 사이버 공간에 공장 모습을 옮겨 놓으면 클라우드를 통해 상호 연결이 쉬워진다. 이를 통해 브릴리언트 팩토리는 공장과 공급망 업체가 사이버 공간에서 긴밀하게 연결되어 생산을 실현하게 된다.

4장

GE의 새로 일하는 방식, 패스트웍스

01
빠른 프로토타입을 접목한
패스트웍스

제프리 이멜트는 지속적으로 혁신을 통한 성장을 강조해왔다. 그에 따라 혁신 프로세스와 관련 조직을 개선하기 위한 여러 가지 시도가 있었다. 최근 GE의 혁신 프로세스를 빠르게 하는 데 가장 근간이 되는 것은 2012년부터 도입된 패스트웍스로, 이는 프로토타이핑에 기초하고 있다.

혁신의 중요성을 인지한 사람들에게 프로토타이핑은 이미 30여 년간 널리 알려져 있었다. 슈레이지(Schrage)는 물론 혁신 분야의 선도적 기업이라 할 수 있는 아이데오(IDEO)도 혁신 과정에서 프로토타이핑의 중요성을 강조해왔다. 아이데오와 스탠퍼드대학을 중심으로 한 혁신 방법론으로 널리 확산된 디자인 싱킹도 빠른 프로토타이핑이 핵심이다. 그러나 이러한 프로토타이핑은 주로 아이디어 창출과 관련하여 논의되어 왔다. 이러한 프로토타이핑을 대기업 차원에서 불가피한 혁신의 위험성을 줄이기 위한 접근 방법으로 받아들여 체계화한 곳이 바로 GE다.

1. 린스타트업과의 결합: 고객 검증 체계화

패스트웍스는 프로토타이핑을 중시하는 에릭 라이스(Eric Ries)의 '린스타트업(Lean Start Up)' 기법을 도입해 응용하면서 시작되었다. 내부적으로는 2012년 에릭 라이스를 초청하여 교육을 하면서 시작했으나, 공식적으로는 2013년부터 시작되었다고 할 수 있다. 이는 비브 골드스타인(Viv Goldstein)의 관리하에 진행되었으며, 제품 개발 및 혁신 프로세스 개선용으로 사용되다가 점차 다른 프로세스에도 확대하여 적용되었다.

린스타트업에서 프로토타이핑에 해당하는 것이 바로 '최소 기능 제품(MVP: Minimum Viable Product)'이다. 최소 기능 제품이란 가정을 점검하기 위해 최소한으로 구현 가능한 제품을 의미한다. 기존 프로토타이핑의 '가설 검증' 차원에서 더욱 체계화한 것이 특징이라 할 수 있다. 최소 기능 제품은 고객이나 고객사에 시판하는 제품을 포함한다는 점에서 프로토타입 개념보다 넓은 범위의 제품을 포함한다.

에릭 라이스가 개발한 린스타트업의 핵심 포인트는 빠른 프로토타이핑으로, 혁신 과정에서 아이디어가 떠오르면 일단 그려보거나 고객에게 물건을 만들어 보여주면서 자신이 가지고 있는 가정을 검토하고 빠른 디자인 반복을 통해 완성하는 데 있다. 빠른 프로토타이핑을 강조한 것이 물론 린스타트업이 처음은 아니다. 2000년대 초반부터 기술혁신경영에 관한 많은 문헌에서 이를 강조해왔고, 기술혁신경영을 다룬 교과서에서는 혁신경영 툴로 논의될 정도였다. 에릭 라이스의 린스타트업이 지닌 의의는 프로토타이핑 마인드 세트를 적용하고, 제품 개발 단계에 피봇(Pivot)이라는 개념 등을 넣으면서 더욱 체계화시켰으며, 이것들을 스타트업 회사의 제품 개발과 생산, 판매에 이르는 과정과 관련하여 정리했다는 데에 있다. 그리고 GE가 프로토타이핑 마인드 세트를 거대 기업의 전사적인 차원에서 적용한 데에도 큰 의미가 있다.

과거의 전통적인 제품 개발 방식은 완벽성 추구로 인해 실패 시 극복할 시간 확보가 어렵고, 고객 검증이 취약하다는 단점을 안고 있었다. 체계화된 거대 기업에서 이루어지는 전통적인 제품 개발 방식은 먼저 시장 조사를 통해 고객의 요구사항을 정리하여 개발 제품에 대한 사양(Specification)을 확정하고, 제품에 대한 컨셉트를 개발·설계·제작·테스트하는 복잡한 과정을 거쳐 이루어졌다. 이러한 방식은 제품의 완벽성에 중점을 두다 보니 개발한 제품이 정말 고객이 원하는 것인지를 검증하는 프로세스가 취약한 측면이 있었다. 제대로 검증하려면 제품의 구체적인 모습이 프로토타입으로 나와야 하는데, 이는 관련 부서 간에 의사소통 프로세스를 거쳐 오랜 시간과 많은 비용을 소비한 상태에서 만들어졌다. 프로토타입이 나왔을 때는 수많은 검토와 논의 끝에 내부적으로 제품의 디자인, 구조, 기능, 성능 등이 완성된 상태이기 때문에 수정의 여지가 별로 없었다. 즉, 고객을 만족시키기 위해 개발되는 제품이 정작 고객에게는 구체적인 디자인을 보여주지 않은 상태로 진행되었던 것이다. 따라서 고객 입장에서는 원하는 제품이 제대로 만들어지는지 검토할 수 있는 과정이 없었고, 있더라도 의미가 적었다고 할 수 있다.

이런 방식으로 제품을 시장에 출시하면 실패 위험이 높을 수밖에 없다. 그래서 제품 개발 초기부터 고객에게 '완성되어야 할 것으로 생각되는 제품의 모습'을 프로토타입으로 미리 보여주고, 그 후 발생하는 문제점을 해결하자는 생각에 도달했다. 이처럼 디자인으로 구현 가능한 실물이나 버추얼(Virtual) 프로토타입을 고객에게 미리 보여주고 문제를 해결하려는 접근은 지속적으로 시도되어 왔다. 그중 하나가 프론트 로드 문제해결(Front Loaded Problem Solving) 접근이다. 이러한 발상이 기업에 널리 퍼지게 된 기폭제가 바로 1990년대부터 본격적으로 확산된 3D CAD 기술의 확산이다. 3D CAD는 컴퓨터 화면에 개발 중인 제품을 실물과 비슷한 3차원의 모습으로 나타낼 수 있게 해줌으로써 버추얼 프로토타입 제작을 가능하게 하였다. 그와 더불어 아이데오와 이를 창시한 톰 켈리(Tom Kelly) 등이 강조한 디자인 싱킹도 프로토타이핑 활용에 크게 기여했다.

전통적인 제품 개발 방식과 달리 프로토타입은 이처럼 고객 검증을 개발 이전이나 중간에 반영하는 것을 가능하게 한다. 그리고 이러한 프로토타이핑의 활용을 아이디어 창출 단계를 넘어 스타트업 기업의 신제품 개발 및 생산, 판매에 이르기까지의 과정에 관해 정리한 접근이 린스타트업이다. 린스타트업은 개발 중인 프로토타입을 고객에게 보여줌으로써 고객이 검증하는 방법을 체계화한 것으로, 고객의 피드백을 통해 고객의 발견과 고객의 타당성 검토에 집중한다.

린스타트업 기법의 각 단계를 구체적으로 한번 살펴보자.

① 고객 발견(Customer Discovery) 단계: 이 단계에서는 제품에 새로운 아이디어를 탐색하고, 고객의 요구사항에 대한 가설을 수립하며, 가설 테스트를 위한 최소 기능 제품을 제작한다.

② 고객 타당성 검토(Customer Validation) 단계: 제품에 대한 고객의 선

호도를 파악하고, 수집한 정보를 기초로 제품을 개선해 고객에 대한 가정이 잘못되었을 경우에는 방향을 전환하고 고객 발견 단계로 다시 돌아가게 되는데, 이를 피봇(Pivot)이라고 한다.

③ 고객 창출(Customer Creation) 단계: 잘못이 없는 경우에는 제품 출시를 위한 완성도를 제고하고, 검증된 가정을 바탕으로 마케팅 및 판매 전략을 수립한다.

④ 컴퍼니 빌딩(Company Building) 단계: 본격적인 제품 출시 및 판매를 실행하고, 사업 확장을 위해 조직을 개편한다.

이러한 접근은 고객이 원하는 것에 대한 이해와 가정을 바탕으로 '솔루션(제품 또는 해결책)의 모습'을 만들어 고객에 보여주고, 그들의 반응을 통해 완성해가자는 것을 의미한다. 이것이 바로 일단 프로토타입을 만들어 놓고 점검하는 최소 기능 제품을 통한 접근이다. 이는 해당 제품에 대한 고객의 반응을 평가하고 측정한 후, 그에 대한 피드백을 기반으로 고객이 원하는 것에 대한 이해를 진척시키면서 제품을 완성해가는 것이라고 할 수 있다. 이는 고객에 대한 잘못된 가정을 바로잡고, 고객이 원하는 제품을 구체화시켜 개발 제품의 실패 위험을 빨리 줄이려는 데 목적이 있다.

2. 고객 관점의 디자인 싱킹 수용

1) 디자인 싱킹적 접근

패스트웍스에서 최소 기능 제품을 빨리 만들기 위한 접근 방법은 고객의 문제나 고객이 원하는 것을 현장 중심으로 이해하고, 해결하기 위해 구체적인 디자인을 보여주면서 대안을 찾아가는 것이다. 고객이 원하는 제품과 서비스를 만들어 내기 위해 고객을 깊이 이해하는 것은 필수다. 여기서 깊이 이해한다는 말은 "고객은 이런 제품이나 이런 서비스를 좋아한다"라는 통념을 고객 입장에서, 원점에서 끊임없이 질문하고 고객과 하나가 되어 검토하는 것을 뜻한다.

기업들은 흔히 '고객 관점에서 생각하라'고 말한다. 회의할 때도 고객 관점에 대해 많은 대화를 나눈다. 고객과 접촉이 잦은 판매 인력에게 묻기도 하고, 고객 인터뷰도 하며, 실태 조사도 한다. 그러나 패스트웍스는 마케팅 부서에 의존하는 접근법이 아니다. 고객 솔루션을 개발하는 다기능 팀이 직접 고객과 만나면서 이루어진다.

패스트웍스는 적용 당시 이미 미국에 광범위하게 퍼져 있던 디자인 싱킹을 받아들이는 접근법을 취했다. 디자인 싱킹은 우리가 가진 고객에 대한 통념과 가정을 모두 내려놓고, 고객 관점에서 적합한 제품이나 서비스가 무엇인지를 발견하기 위해 원점에서 시작한다.

가령, 동물원의 원숭이를 제대로 이해하려면 어떻게 해야 할까? 철창 너머로 그들의 행동을 촬영하고, 분석하는 것을 넘어 함께 생활하고 공감할 때 가능하다. 그렇다면 고객을 제대로 이해하려면 어떻게 해야 할까? 고객의 생각에 공감하고, 자사의 제품과 서비스가 고객의 문제를 해결하고 있는지 '눈을 뜨는 것'이 필요하다. 그러기 위해서는 개발하려는 제품에 대한 질문보다는 '고객의 삶에 공감을 하기 위한 질문'을 던져 고객의 '문제'가 무엇인지 확인하고, 이를 해결할 수 있는 대안을 정의하는 것이 출발점이 되어야 한다.

예를 들어 태블릿 PC를 개발하는 팀이라면 유사한 제품을 보여주면서 구매할 의향이 있는지 묻기보다는 기존의 태블릿 PC를 어떻게 사용하는지, 휴대하는 데 불편함은 없는지, 갑자기 기록할 일이 있으면 어떻게 꺼내는지를 알아내야 한다. 나아가 기존의 태블릿 PC를 사용하는 사람과 함께 생활하면서 관찰하고 고객의 문제에 공감해야 한다. 이러한 접근법은 문화인류학과 사회학에서 이루어지는 사회 및 집단 관찰 기법인 '에스노그라피(Ethnography)'적 접근이라 할 수 있다. 디자인 싱킹 접근에서는 이러한 방법을 강조한다.

그렇다면 GE처럼 고객이 발전기나 증기터빈 등을 이용하는 기업일 경우에는 어떻게 해야 할까? 발전기나 증기터빈를 이용한 생산과 마케팅 활동 등이 어떻게 이루어지는지를 확인하거나 이해하고, 이러한 활동과정에서 고객의 문제, 즉 고객사 내의 인력이 겪는 고충에 대해 공감해야 한다.

가령, GE 디지털의 데이터 과학 서비스(Data Science Service)의 경우를 보자. 고객사와의 첫 이틀 동안에는 데이터 과학 성과 체험 워크아웃(Data Science Outcome Exploration Workout)이라고 해서 서로 상호작용을 한다. 먼저 디자인 싱킹 프로세스를 소개하고, 데이터 과학이 모니터하고 해결할 수 있는 핵심 성과 지표와 우선순위화된 고객 문제의 리스트가 나와 있는 성과 지도(Outcome Map)와 기타 내용을 정하는 데 시간을 할애한다.

워크아웃은 고객사가 겪는 문제에 대해 공감하는 과정을 포함하고 있다. 예를 들면, 고객을 이해하는 단계에서는 현장을 직접 방문해 작업하는 것을 관찰하고, 인터뷰 등을 통해 고객의 문제를 공감해 나간다. 혹은 현장을 '가상'으로 시각화하여 현장을 이해하기도 한다. GE의 디자인 센터에서는 현장을 '가상'으로 볼 수 있도록 하기 위해 '270도 영화관'과 같은 설비를 갖추고 있다. 이 설비는 산업용 기기가 작동하는 현장을 화면에 띄워 현장 상황을 재현한다. 현장 사람들이 산업

용 기기로 둘러싸여 있는 구체화된 모습 속에서 고객을 이해하고 타
당성을 검토하는 것이다.

2) 제품 및 서비스 개발의 주역, 디자이너

개발 과정에서 절대 빠지면 안 되는 사람이 있다. 디자인 중심으로
문제를 인식하고 솔루션 및 대안을 생각하는 사람, 즉 전체 프로세스
제품 개발자 혹은 디자이너다. 이들은 처음부터 끝까지 모든 과정에
개입한다. GE에서 디자이너의 전 과정 개입은 패스트웍스 도입 이후
일어난 변화다. 이러한 경우를 가장 손쉽게 관찰할 수 있는 곳이 바로
애플이다. 스티브 잡스(Steve Jobs)와 디자이너 조나단 아이브(Jonathan Ive)
는 초기 단계부터 출시에 이르기까지 전 과정을 제품의 디자인 중심
으로 모니터링하고 관리했다. 이러한 점은 패스트웍스의 접근법과 같
다고 할 수 있다.

실리콘밸리에 자리 잡은 스티브 잡스 방식은 디자인 싱킹적 접근과
궤를 같이 한다. 과거 GE의 소프트웨어 개발 팀에는 디자이너가 없었
다고 한다. 그러나 2012년 이후 실리콘밸리에서 디자이너를 적극 채
용한 결과, 현재 GE 디지털은 소프트웨어 개발자 10명당 1명이 디자
이너라고 한다. 실리콘밸리 외의 소프트웨어 회사에서 그 비율이 50
명당 1명 정도만 되어도 양호하다는 것에 비춰볼 때 엄청나게 많은 숫

자라 할 수 있다.

디자인 싱킹을 실천하는 오늘날의 GE와 실리콘밸리에서는 디자이너가 개발의 모든 공정에 관여한다. 그들은 고객의 고민을 능수능란하게 질문으로 이끌어내 그 자리에서 프로토타입을 만드는 것은 물론 어플리케이션에 필요한 기능을 정리하여 소프트웨어 개발자에게 피드백한다. GE 디지털에서 디자인 부문의 수장으로 있는 크로닌의 발언을 빌리면, "GE 디자이너들의 최대 임무는 퍼실리에이터(Facilitator, 조력자)"라고 할 수 있다.

2014년부터 GE 디지털은 실리콘밸리에 고객과 함께 디자인 싱킹을 실행할 수 있는 디자인 센터를 갖춰 놓았다. 여기서는 고객사의 담당자와 GE 디지털의 프로덕트 매니저, 소프트웨어 개발 담당자, 디자이너, 데이터 사이언티스트(빅데이터 기반의 서비스 기획자), GE 사업 부문 영업 담당자 및 산업용 기기 엔지니어 등 10~15명이 한 팀이 된다. 이들은 브레인스토밍 등을 통해 고객의 생각을 깊이 있게 관찰하여 핵심 문제를 발견한다. 이것이 공감 단계에서 이루어진다. 이 단계에서 GE와 고객사의 임직원들은 일주일 동안 틀어박혀 필요한 아이디어를 구상하게 된다.

GE 오일&가스의 경우, 2014년에 NovaLT16라는 가스터빈용 콤프레서 스테이션(Compressor Station)을 공급할 때 협력회사인 프로그 디자인

(Frog Design)이 고객사를 방문해 1:1 인터뷰와 기술 그룹 회의 및 관찰 활동을 거쳤는데, 이것 또한 고객사의 문제에 공감하는 과정이라 할 수 있다.

디자인 싱킹은 디자이너의 감성과 방법론을 활용하여 고객의 욕구를 만족하면서 기술적으로 타당한 대안과 혁신을 창출하는 방법론으로, 스탠퍼드대학을 중심으로 한 실리콘밸리 지역에서 확산된 것이다. 디자인 싱킹은 고객이 제품이나 서비스에 대해 보고 느끼는 것을 체계적으로 탐색하고, 고객을 세밀하게 관찰하여 공감을 바탕으로 고객에게 필요한 디자인 형태의 솔루션 아이디어를 도출하는 방법론이다. 디자인 싱킹은 빠른 시각화를 통한 소통과 실험이 무엇보다 중요하다. 바로 이러한 점이 빠르게 프로토타입을 도출하는 패스트웍스와 같은 맥락을 지닌다고 할 수 있다.

패스트웍스 팀은 기본적으로 테스크포스 팀 형태로 운영된다. 제품 및 서비스 개발 등을 목표로 다양한 경험과 배경(예: 제조, 마케팅, 구매 등)을 가진 구성원들이 한 팀이 되어 일하고, 일이 마무리되면 해산해 다른 조직에 배치된다. 팀은 각 이슈별로 시작부터 끝까지 모든 책임을 진다. 팀은 공통의 목표와 자율성을 지니고, 어떻게 목적을 달성할지 모든 의사결정권을 가진다. 패스트웍스 팀은 경영진의 전략적 의사결정은 물론 현장의 필요에 따라 만들어지기도 한다.

02
패스트웍스 진화과정

린스타트업은 혁신적 제품 개발을 하려는 목적에서 만들어졌다. 린스타트업은 주로 벤처기업에 적용되었기에 거대 기업에서 흔히 볼 수 있는 문제점에 대한 대안은 갖추지 못했다. 그래서 패스트웍스는 GE라는 거대 기업에 적용 가능하게 만들어진 린스타트업이라고 할 수 있다. 2001년 제프리 이멜트가 혁신을 통한 성장을 선언한 후, GE는 혁신을 위한 틀(Growth as a Process)을 제시하고, 여러 혁신 도구 적용을 시도했다. 그중에서도 패스트웍스는 GE의 가장 성공적인 혁신 도구로 평가받고 있다.

패스트웍스를 이끌어온 비브 골드스타인은 "GE의 경우에는 벤처기업과 달리 이미 시장에서 인정받는 안정화된 제품으로 시장 리더십을 확보하고 있었다. 따라서 고객을 만족시키는 데 있어 상존하는 문제점 해결에 초점을 두어야 했기에 대응하는 방식을 바꿔야 했다"라고 설명하고 있다. 이것이 패스트웍스와 기존의 벤처기업 적용용 린스타트업과의 차별점이라 할 수 있다.

이와 같이 패스트웍스는 2011년 산업 인터넷 이니셔티브 추진 후에 2012년 에릭 라이스의 린스타트업 교육과 함께 2013년 본격적으로 도입되었다. 초기 산업 인터넷 이니셔티브는 고객가치 창출에 있어 '보다 혁신적이고 나은 제품을 빠르게 개발하는 것'에서 점차 '더 나은 고객 성과'를 내는 데 중점을 두게 되었다. 이에 따라 패스트웍스는 자연스럽게 GE가 보다 나은 고객 성과를 내는 데 직면한 문제점을 해결하는 방법론으로 발전하게 되었다.

패스트웍스의 진화

	초점	특징
패스크웍스 1.0	프레임웍	기회/진정한 고객 욕구, 빠르게 위험 줄임, 빠른 실험, 보다 스마트한 질문 및 협력 강화
패스크웍스 2.0	성장위원회의 설치	자금 및 자원 할애, 많은 수의 작은 베팅, 상업화&비즈니스 모델 혁신, 고객 집착, 포트폴리오에 의해 추진되는 접근
패스크웍스 3.0	문화 변화	패스트웍스(마인드 세트, 역학) ⇨ GE Belief(기대와 행동) ⇨ 성과 발전(책임성) 사이클로 보다 나은 고객 성과
패스크웍스 4.0	새로운 마인드 세트와 행위	새로운 성장에 도전하는 문화, 리더십, 일의 변화 추진

1. 패스트웍스1.0: 제품 개발 및 프로세스 개선용

먼저 제품 개발 관리 및 프로세스 도구로서 패스트웍스에 대해 알아보자. 제품 개발 및 프로세스 개선용 패스트웍스는 GE의 패스트웍스1.0에 해당하는 것으로서, 2012~2013년에 쓰인 것이다. 여기서 사용된 6단계 틀은 제품 개발 및 프로세스에서 여러 단계별로 변용 혹은 조정하여 쓰인다.

패스트웍스1.0은 다음과 같은 구성으로 이루어져 있다.

첫 번째 단계에는 '고객 니즈(Customer Needs)' 단계로서, 고객의 니즈를 이해하고 충족하지 못한 문제를 정의하는 단계다. 이 단계에서는 고객(고객사)의 프로세스를 이해하고, 고충에 대해 공감하며, 문제가 되는 부분을 정의한다. 한마디로 고객 입장에서 신발을 신고 거리를 함께 걸어 보는 것이라 할 수 있다. 여기서는 고객에 대한 관찰은 물론 인터뷰와 워크숍 등 여러 가지 방법이 동원된다. 이 과정에서는 고객을 관찰 대상이 아니라 공감하는 대상으로 간주하는 것이 중요하다.

고객사와 비즈니스를 하는 기업은 이 단계에서 고객에게 '요건 정의(Requirement Definition)'를 요청하는 것이 일반적이다. 하지만 패스트웍스는 이 단계를 강조하지 않는다. 이 단계에서 솔루션 개발 팀은 마케팅 담당자에게 의존하기보다는 고객과 직접 접촉하여 고객을 이해하게 된다. 또한 담당 팀은 여러 부서의 인력이 참여한다. 이 단계에서는 기본적으로 고객이 직면한 애로사항, 문제점, 요구사항을 정리한다.

두 번째 단계는 '잠재적 솔루션(Potential Solution)' 단계로서, 고객의 문제에 대한 잠재적 솔루션을 정하고, 그 솔루션이 고객에게 주는 혜택을 정의한다. 이는 본격적으로 제품을 개발하기 전에 잠재적인 솔루션을 만들어 보는 것을 뜻한다. 이 과정에서는 고객 그룹과 일정 시간을 보낸 후에 고객이 직면한 문제점을 정리한 문장(Problem Statement)에 대해 솔루션 리스트를 만든다. 여기서 고객 그룹이란 GE의 솔루션을 사용하는 엔지니어나 연구 집단을 의미한다.

고객이 직면한 문제점에 대한 솔루션 리스트를 만들고 나면 그 차이를 좁혀 나간다. 신제품 개발 프로젝트의 경우에는 제품 콘셉트를 나타낸 그림이나 대략적인 프로토타입은 물론 솔루션의 대략적인 윤곽을 나타낸 한 문장이 잠재적인 솔루션이 될 수 있다. 가령, GE 헬스케어의 경우에는 뇌 건강 임상 및 연구 집단을 고객으로 해서 문제를 탐구한 결과, 잠재적인 솔루션으로 '고통스런 뇌 부상을 입은 환자에게 빠르게 처방을 내릴 수 있도록 도와주는 소프트웨어 솔루션을 만든다'를 도출했다.

세 번째 단계는 '믿음 가설 비약(Leaps of Faith Assumption)' 단계로서, 이

단계에서는 잠재적인 솔루션이 성공적인 결과를 가져오리라는 믿음에 대한 가정을 확인한다. 이 단계에서는 잠재적인 솔루션이 성공적인 결과를 가져올 것이라는 기술적, 상업적 가정을 세운 후에 어떤 것이 가장 타당한지를 검토한다. 또한 잠재적인 솔루션과 관련하여 성공적일 것이라고 여겨지는 리스트를 정리하고, 이에 대해 가정을 세운다.

예를 들어 '고통스런 뇌 부상을 입은 환자에게 빠르게 처방을 내릴 수 있도록 도와주는 소프트웨어 솔루션을 만든다'라는 잠재적 솔루션에 대해 살펴보자. 그 이면에는 뇌 건강 임상 및 연구 집단이 환자에게 빠르게 처방을 내릴 수 있도록 도와주는 소프트웨어 솔루션을 만들 경우에 고객이 구매할 것이라는 상업적 가정이 있다. 또한 그 솔루션을 한 고객에게 적용해본 후에 여러 고객에게 확대하거나 솔루션 구입 고객을 2020년 1분기까지 대량으로 확보할 수 있으리라는 가정도 있을 수 있다.

아울러 고통스런 뇌 부상을 입은 환자에게 빠르게 처방을 내릴 수 있도록 도와주는 소프트웨어 솔루션을 만드는 데 필요한 관련 데이터 및 기술 활용이 가능할 것이라는 기술적 가정도 존재한다. 가령, '고객은 솔루션 개발에 필요한 데이터의 접근을 허용할 것이다'(데이터 수집과 관련된 기술적 가정)라는 가정을 들 수 있다. 가정이 정리되고 나면 이들 가운데 프로젝트 성공에 가장 큰 영향을 미치는 우선순위를 정한다. 그리고 우선순위에 따라 가장 중요한 가정부터 순서대로 나열한 후, 주어진 시간과 자원(예산 및 인력 등)이라는 제약 조건 내에서 최소 기능 제품 제작을 통해 검토 가능한 가정을 선택한다.

이상의 세 단계가 반드시 신제품 개발에만 한정된 것은 아니다. 하지만 여기서 기존의 신제품 개발 방식과 비교해서 그 차이점을 한번 정리해 보자. 기존의 솔루션 개발 방식은 고객사가 필요로 하는 제품의 요건, 즉 성능과 크기와 같은 사양을 정한 후에 솔루션을 개발한다. 반면 패스트웍스에서는 사양 설정 과정이 명시적으로 포함되어 있지 않다. 대신 고객 니즈에 대한 이해를 바탕으로 바로 잠재적 솔루션을 도출해 이에 대한 가설을 검토하는 과정을 거치고, 가설 타당성 확인을 위해 최소 기능 제품을 만드는 점이 기존 방식과 차이가 있다고 할 수 있다.

네 번째 단계는 '최소 기능 제품' 단계로서, 최소 기능 제품을 만드는 것이다. 이는 한 번만 만드는 것이 아니라 고객에게 보여준 후에 보완된 제품을 지속적으로 만드는 것이다. 최소 기능 제품은 며칠 혹은 몇 주 내에 파격적으로 빨리 만드는 프로토타입(시제품)일 수도 있고, 1명 또는 제한된 고객에게 시험적으로 판매하는 제품일 수도 있으며, 최소한의 자원으로 쉽게 실행에 옮길 수 있는 해결책일 수도 있다. 즉, 가정을 검토하기 위해 최소한의 기능만을 가지고 여러 프로토타입을 고객에게 보여주어 잠재적인 솔루션의 타당성을 검토해 나가는 것이라 할 수 있다. 여기서는 어떤 유형의 최소 기능 제품을 선택할지, 어떤 방법으로 고객에게 피드백을 받을지 결정하는 것이 중요하다.

최소 기능 제품의 예로, GE 오일&가스의 경우 NovaLT16 터빈을 트랜스캐나다(Transcanada)에 공급하는 것과 관련해 콤프레서 스테이션 공급 과정에 참여했던 프로그 디자인의 레고를 사용한 것을 들 수 있다. 이때 GE 오일&가스는 개발하려는 제품의 모습과 혜택, 구매 옵션에 대한 브로셔를 작성한 후 브로셔 프로토타입에 대한 고객의 피드백을 받기도 했다. GE는 무정전 전원장치 개발 과정에서도 이를 활용해 톡톡한 성과를 올리기도 했다. 이전보다 높은 볼트 구조를 사용한 차세대 고효율 시스템 개발이 기존에는 3년에 걸쳐 1,000만 달러(약 100억 원)가 소요되었는데, 최소 기능 제품으로 수주 만에 아주 적은 예산으로 고객에게 회로도를 보여주고 반응을 구하기도 했다.

다섯 번째 단계는 '학습 지표(Learning Metrics)' 단계로서, 최소 기능 제품을 고객에게 보여준 후 얻은 고객의 피드백 결과를 기록하고 해석하여 학습하는 단계다. 이 단계에서는 최소 기능 제품을 고객에게 보여주고, 고객 피드백의 결과로부터 잘못된 가설을 발견하여 이를 토대로 고객의 욕구를 이해하고 만족시킬 대안을 더욱 심도 있게 탐색하고 발굴하는 과정을 거친다. 여기서 지표란 반드시 수치를 의미하는 것은 아니다. 테스트 결과, 가설이 잘못되었거나 맞는 점을 확인하는 데 도움이 되는 고객의 객관적인 반응이 기록된 것을 의미한다. GE 오일&가스에서 개발하려는 제품의 최소 기능 제품을 보여주고 학습 지표로 기록한 예를 들면 다음과 같다.

① 고객은 이 제품에 대해 기꺼이 의논하려 한다.
② 고객은 가치명제(솔루션 사용 시 얻는 혜택)와 제품 사용에 따른 잠재적 절약이 의미 있다고 생각한다.
③ 고객은 원스톱(One-Stop)으로 된 해결책을 원한다.
④ 고객은 자사를 위한 솔루션 제안서를 원한다.

여섯 번째는 '방향 전환 혹은 지속' 단계로서, 잠재적 솔루션이 잘못되었다고 입증되었을 경우 방향을 전환하는 것을 말한다. 여러 프로토타입을 고객에 보여주고 테스트하거나 한두 개 제품을 고객에게 실제로 판매해 본 결과, 잠재적 솔루션이 성공적인 결과를 내기 어렵거나 가정이 잘못되었을 수도 있다. 이런 경우에는 피드백을 바탕으로 중단하거나 잠재적 솔루션을 바꿀 필요가 있다. 이렇게 제품 개발 방침이나 전략을 바꾸는 방향 전환을 피봇(Pivot)이라고 한다. 고객의 피드백 결과가 긍정적일 경우에는 기존에 있던 잠재적 솔루션을 개선하는 선에서 진행되는데, 이 경우에는 지속 단계(Persevere)로 접어들게 된다.

구체적으로 패스트웍스가 적용된 GE 어플라이언스의 사례를 보자. 2013년 1월에 시작된 프로젝트는 3개월 내에 프로토타입(최소 기능 제품)을 만들고 1년 내에 생산 제품을 만들 것을 지시받음으로써 시작되었다. 해당 팀은 다기능 팀으로 이루어졌고, 한 곳에 배치되어 일했다. 공장에 내려가 함께 프로토타입을 만들고, 시장 조사 결과도 함께 나누었다. 아이디어나 프로토타입을 루이스빌 트레이닝 센터(Louisville Taining Center)에 와 있던 소매상들에게 선보이는가 하면, 뉴욕과 시카고를 방문하여 시제품을 디자이너와 테스트했다. 이 팀의 경우에는 2013년 1월 최소 기능 제품을 만들었으나 고객으로부터 나오는 부정적인 반응을 계속 받아들이고 지속적으로 개량하면서 8월경에야 긍정적인 피드백을 받기 시작했다.

패스트웍스는 이러한 사이클을 반복하다가 솔루션이 완성되었다고 판단될 때 그다음 단계로 이동할 수 있다. 패스트웍스는 하나의 도구이기 때문에 제품 개발이나 프로세스의 여러 단계에 적용할 수가 있다.

패스트웍스를 신차 개발 검토 초기 단계에 적용하는 경우를 예로 들어보자. A자동차가 신차 개발 검토 초기 단계에 산출할 솔루션은 개발할 신차의 간단한 개념과 목표시장, 고객이 자동차를 사용할 때의 혜택, 자동차 제조 방식 등에 대한 전제조건, 예산 등이 명시된 자동차 개발 프로젝트의 아웃라인이 될 수 있다. 이런 경우에는 자동차 개발 프로젝트가 본격적으로 돌입하는 단계 이전에 적용된 것이지만 실행 단계에서도 적용이 가능하다.

1) 현재의 개발 방식과 상충

패스트웍스는 이전에 GE에서 제품을 만들어내던 방식과는 완전히 다른 것으로서, 엔지니어들의 기본적인 사고와는 맞지 않는 것이었다. 엔지니어들은 완벽한 제품을 만들어 보여주는 것을 선호하고, 약점이 많고 대충의 것을 만들어내는 것은 선호하지 않는 편이다. 특히 GE처럼 성능의 안정성이 매우 중요한 비행기 엔진과 같은 제품을 프로토타입으로 만든다는 것이 과연 적절한지에 대해 그들은 의문을 가졌을 것이다.

하지만 이런 경우, 고려할 것이 있다. 먼저 기업은 완벽하다고 여기지만 고객이 원치 않는 제품이라면, 결국 만들어도 아무 소용이 없다. 따라서 기업이 가진 생각을 바탕으로 대충 만들어본 후, 이를 고객에게 보여주고 피드백을 받으면서 제품을 개발한다면 고객이 원하지 않는 제품을 개발할 가능성이 줄어들게 된다.

이렇게 제품을 대충 만들어보는 것은 한마디로 프로토타이핑 마인드 세트라고 할 수 있다. 기업이 생각하는 솔루션을 고객에게 말로 설명하기보다는 대충이나마 만들어 보여주는 편이 소통하는 데 더 빠른 것은 분명하다. 하지만 여전히 비행기 엔진과 같이 고도의 신뢰성과 높은 기술 축적이 필요한 분야에 이 방식을 적용하는 것이 옳은가 하는 의문은 여전히 들 수 있다.

실제로 GE는 패스트웍스를 실행하는 데 있어 엔지니어들의 반발에 직면한 적이 있다. 그러나 GE는 기존에 불가능한 영역으로 알려졌던 고도의 엔지니어링이 요구되는 분야에서 빠른 프로토타입을 만들어 보고 고객의 반응을 얻는 가운데 엔지니어의 자세가 바뀐 사례가 무수히 많다. 또한 여러 시장에 사용되는 신형 복합 디젤엔진(기존보다 20~30% 에너지 효율적인) 개발의 경우, 약 5년 동안 개발한 후 해당 엔진이 시장에서 원하는 것이 아닌 것으로 판명되는 상황에 직면하는 것을 피하기 위해 최소 기능 제품을 개발하는 접근을 한 사례도 존재한다. 이는 우선 특정 고객에게 기존 디젤엔진을 개량한 것을 최소 기능 제품으로 만들어 보여주고 피드백을 얻는 방식으로, 이를 통해 가설을 검토하고 개량 및 보완하는 방식으로 개발하는 것이었다.

1개 기업을 위해 약 5년간 개발해 만들어낸 제품에 비해 여러 시장을 겨냥한 신형 복합엔진 개발은 엔지니어들 입장에서 보면 부족한 점이 많은 프로토타입에 불과할지도 모른다. 하지만 이러한 방식으로 고객의 피드백을 받으면서 지속적으로 개량하는 방식으로 접근하면, 기존과 다른 방식에 거부감을 가지거나 고도의 신뢰성을 중시하는 엔지니어들을 설득할 수가 있다. 실제로 이렇게 해서 개발된 디젤엔진 프로젝트의 경우, 기존에 5년 걸리던 개발 기간이 2년으로 단축될 수 있었다.

최근 GE가 생산하는 제품은 갈수록 전자 부품과 소프트웨어의 비중이 높아지고 있다. 뿐만 아니라 연구개발 및 생산 장비에도 전자 부품과 소프트웨어 비중이 늘고 있다. 게다가 기술 변화 속도도 급격히 빨라지고 있다. 또한 고객에게 공급하는 제품과 서비스도 디지털 정보와 데이터 활용의 중요성이 갈수록 커지고 있다. 고도의 신뢰성이 요구되는 중공업에서 역설적으로 벤처기업에 가까운 빠른 프로토타이핑 프로세스가 가능해진 것은 디지털 기술의 적용 수준이 높아지면서 소프트웨어 산업에서 적용되는 방법론을 활용하는 것이 용이해진 측면도 있다. 소프트웨어 산업에서 적용되는 방법론이란 린 스타트업, 데브옵스(DevOps), 애자일(Agile) 개발 방법론 등을 의미하는 것으로, 이들 모두 프로토타이핑을 빨리 만들어보는 프로세스가 포함되어 있다.

2) 의사결정 체계에 문제 발생

새로운 것들은 시작이 쉽지 않다. 특히 의사결정 과정에서 많은 문제가 발생한다. GE도 예외는 아니었다. 이렇게 진행된 패스트웍스1.0은 새로운 접근으로 시도된 것이었기 때문에 일부 교육 대상자를 중심으로 실시되었고 실행에 옮겨졌다.

그러나 막상 실행에 옮겨진 패스트웍스는 많은 문제를 드러냈다. 솔루션 개발 속도가 빨라지고, 최소 기능 제품을 빈번하게 만드는가 하면, 다기능 팀의 팀워크가 중시되다 보니 기존의 일하는 방식과는 매우 달라서 기존 시스템에 문제를 야기했다. 대표적인 것이 개발비 배분을 위한 의사결정이 원활히 이루어지지 못한다는 점이었다. 최소 기능 제품에 대한 고객의 피드백에 따라 개발 프로젝트가 수시로 중단되거나 개발 프로젝트의 방향 전환이 일어났다. 이런 경우에는 배정된 프로젝트 예산이 수시로 중단되고 새롭게 방향 전환된 프로젝트에 대한 예산 배분이 수시로 이루어졌다.

또한 패스트웍스는 프로젝트 진행 과정에서 피봇을 하거나 중단하는 것을 허용하고 있었다. 따라서 개발 프로젝트를 중단하거나 전환하는 것은 자칫 실패로 여겨질 수 있었다. 이러한 여러 문제에 대응하면서 패스트웍스는 점차 진화하게 되었다.

2. 패스트웍스2.0: 아이디어 선정 및 자원 배분 체계와 연결

2014년에 진행된 패스트웍스2.0은 자금 배분이 이루어지도록 하는 것이 핵심이었다. 그래서 성장위원회를 통해 프로젝트를 다루게 되었다. 이러한 성장위원회(초기에는 심의위원회 형태로 출발)를 통해 프로젝트를 추진한 최초의 팀은 차세대 무정전 전원장치 개발 팀이었다. 정기적으로 최소 기능 제품에 대해 피봇을 하거나 개량을 결정하는 미팅을 하고, 미팅 시에는 성장위원회를 통해 무엇을 배웠고, 어떻게 배웠는지 질문하면서 자금 배분 결정이 이루어졌다.

1) 개발비 배분 방식: 일괄 배분에서 벤처캐피털식 단계별 할당

기존 방식은 장기간 진행될 프로젝트를 선정하고, 주어진 기준에 가장 합당한 프로젝트가 선정되었다. 프로젝트 진행 과정에서 나중에 고객에게 선보일 때 실패할 프로젝트를 사전에 검증하고, 사업을 포기하는 장치가 없었기 때문에 일정 기간 자금이 투입되고 진행되었다. 패스트웍스2.0에서의 자금 배분 방식은 최소 기능 제품 테스트 등 단계적인 결과에 따라 자금 배분 여부가 결정되었다. 예전에는 연초에 프로젝트의 승인과 함께 개발에 필요한 인력과 예산이 할당되었던 것과는 다른 방식으로 진행된 것이다.

지금은 연중에 각 과정을 달성할 때마다 평가를 하고, 다음 단계에 필요한 자원을 다시 배정한다. 이러한 점은 벤처캐피털의 투자 방식과 매우 유사하다고 할 수 있다. 제품 개발 아이디어에 대해 오직 다음 단계의 실험에 필요한 최소 자금만 투입하는 것이다. 이로써 프로젝트에 묶여 있던 연구개발 자금이 단계별 투자로 전환되었다.

이러한 접근으로 큰 효과를 본 대표적인 사업부로는 지속가능한 헬스케어 솔루션(Sustainable Healthcare Solution) 사업부를 들 수 있다. 헬스케어 사업부의 경우, 기존 제품을 개량해 제품을 공급하는 대신 백지에서 시작해 지속가능한 헬스케어 솔루션을 개발할 수 있었다. 헬스케어 사업부는 고객, 산파, 의사, 보건소 등 각 주체의 문제를 이해하고, 영아 사망률을 줄일 수 있는 대안 솔루션을 찾고자 했다. 그들은 4~8주의 스프린트 솔루션에 대한 테스팅(Testing), 러닝(Learning), 이터레이팅(Iterating) 과정을 거쳐 성장위원회에서 학습한 것을 공유하고, 전환을 위한 자금이 필요한지, 개량할 자금을 요청할지, 사업을 포기할 것인지를 의논하게 되었다. 그 결과, 이 사업부는 지난 2년간 80%의 수익 증가를 경험했다.

2) 과제 선정: 성장위원회

자금 배분은 성장위원회에 의해 이루어졌다. 성장위원회로 인해 시장에서 실패하는 프로젝트는 수행 중 사업을 중단하는 효과를 보게 되었다. 에릭 라이스에 따르면, 성장위원회가 생겨나기 전 GE 오일& 가스는 성과가 없을 거라고 판단한 10%가량의 프로젝트를 포기했다고 한다. 반면 나머지 90%는 고객이 원하든 원치 않든 무언가를 만들어 전달했다고 한다. 그러나 성장위원회가 설치되고 나서는 90일 사이클인 첫 라운드에서 20%가량의 프로젝트를 포기하고, 60일 사이클인 두 번째 라운드에서는 50%를 포기했다고 한다.

포기 방식을 자세히 들여다보면, 첫 라운드에서는 성장위원회의 결정에 의해 프로젝트를 포기했다고 한다. 하지만 두 번째 라운드에서는 프로젝트 진행자가 자신의 프로젝트를 포기해달라는 취지의 발표를 종종 했다고 한다. 그리고 세 번째 라운드에서는 자신들 스스로가 프로젝트를 포기하겠다는 내용을 전했다고 한다.

3) 여러 가지 새로운 문제에 직면: 인사 평가, 협력 애로

GE는 이 단계에서 또 다른 문제에 직면하게 되었다. 엔지니어들은 패스트웍스를 실행할 경우, 최소 기능 제품을 반복해서 다수 만들어 내게 된다. 이런 경우에 이를 '재작업'으로 간주되게 되는데, '재작업'을 많이 하는 엔지니어는 인사평가상 불이익을 받을 수 있다고 걱정했다. 또한 패스트웍스를 통해 혁신적인 제품이나 서비스를 만들어내려면 회계 부서와 제조 부서 등 타 부서의 협력이 필요한데, 그것을 얻어내는 것이 쉽지 않다고 하소연했다.

이 문제들을 해결하기 위해 결국 GE는 조직문화를 바꾸기 위한 노력을 하게 되었다. 이를 위해 '패스트웍스 에브리데이'라는 것을 만들고 인사 평가 방식을 바꾸는 한편, 모든 개인들이 '혁신 친화적인' 행동을 하도록 가이드라인을 만들어냈다. 이렇게 해서 만들어진 것이 진화된 패스트웍스3.0이다.

3. 패스트웍스3.0: 전사의 조직문화로 진화

패스트웍스는 산업 인터넷 이니셔티브라는 GE의 디지털 트랜스포메이션 과정에서 좀 더 좋은 제품과 서비스를 제공하기 위해 추진된 것이다. 비브 골드스타인은 "패스트웍스 시작 전에 깨달았어야 하는 것이 있었다. 그것은 문화를 바꾸는 것이었다"라고 밝혔다. 이는 전체 종업원에게 변화가 필요했음을 의미한다. 이는 혁신적인 스피드를 구현하는 신제품 및 서비스 개발 부서, IT 부서만으로는 타 부서의 저항에 직면할 수 있고, 회사 내의 제조 및 시장 출시, 출시 후 관리 및 지원에 이르는 전 과정에서 효과를 거두기 어렵기 때문이었다.

기업문화를 바꾸는 것과 관련하여 종업원의 행동 가이드라인으로 GE Belief가 만들어졌다는 것은 이미 앞에서 언급한 바 있다. 또한 GE는 '패스트웍스 에브리데이'를 통한 '간이화된' 방법론으로 종업원 모두가 혁신 친화적 프로세스를 구현하도록 시도했다. 또한 종업원이 패스트웍스를 실현하는 데 걸림돌이 되는 인사 시스템도 바꾸게 되었다.

패스트웍스 에브리데이 개발: 업무 프로세스 개선 방법론

패스트웍스 에브리데이는 패스트웍스 웹사이트를 통해 온라인으로 교육이 이루어진다. 패스트웍스 에브리데이는 업무 프로세스 개선을 위한 방법론으로 개발되었다. 패스트웍스를 쓸 수 있도록 4단계, 즉 발견(Discover), 개발(Develop), 학습(Learn), 실행(Act)으로 구성되어 사용되는 패스트웍스 에브리데이는 모든 활동에 적용이 가능하다.

1단계인 발견(Discover)은 고객이 원하는 것을 발견하는 것이다. 패스트웍스 에브리데이에서는 직장 동료를 '고객'으로 간주하여 고객이 원하는 것이나 고충을 발견하도록 한다. 그리고 동료가 원하는 것이나 고충에 대한 솔루션을 프로토타입으로 빠르게 만들어보는데, 이는 2단계인 개발(Develop)에 해당한다. 예를 들면, 동료에게 보다 나은 성과를 주는 간단한 업무 방법이나 동료의 문제 해결에 도움이 되는 것 가운데 자신의 업무에서 추진할 대안을 프로토타입으로 빠르게 만들어 보는 것이다. 이를 고객에게 보여주고 고객이 원하는 것이라고 믿는 해결책을 테스트해보는 것이 3단계인 학습(Learn)에 해당한다. 4단계인 실행(Act)은 학습을 통해 배운 것을 실천으로 옮기는 것이다.

패스트웍스 담당 부사장인 골드스타인은 다음의 예로 이를 설명한다.

① 존 라이스 부회장에게서 금요일 저녁 6~7시경 "월요일에 미팅이 있으니 내일까지 패스트웍스 자료를 보내주세요"라는 메일을 받음.

② 이미지와 글씨체를 바꾸고 예쁘게 색깔을 넣어 금요일 자정까지 작업해 메일을 보냄.

③ 몇 분 만에 자신이 원하던 방향이 아니라면서 패스트웍스 교육 과정에 대한 내용이 더 필요하다는 회신을 받음.

④ 밤새 잠을 못 자고 '부회장이 원하는 것이 무엇일까?' 고민하면서 작업해 새벽 6시에 메일을 다시 보냄.

⑤ 월요일 아침에 긍정적인 답을 받음.

그렇다면 위의 업무를 패스트웍스에 적용했을 경우에 일어날 변화는 어떻게 될까?

① 존 라이스 부회장에게서 금요일 저녁 6~7시경 "월요일에 미팅이 있으니 내일까지 패스트윅스 자료를 보내주세요"라는 메일을 받음. "좀 더 강조하고 싶은 특별한 부분이 무엇인지 좀 더 분명하게 알려주실 수 있을까요? 개인 면담에 쓸 자료인지, 아니면 많은 사람들 앞에서 프레젠테이션을 할 자료인지 알려주십시오. 회의 시간은 얼마나 될까요? 자료 발표를 들을 사람들에 대해 좀 더 구체적인 정보를 부탁합니다. 어떤 효과를 원합니까?"라고 물음. 부회장이 "이러이러한 것이 필요해요"라고 응답함.(발견)

② 응답 받은 내용을 반영하고, 이미지와 글씨체를 바꾸고 예쁘게 색깔을 넣어 금요일 자정까지 작업해 메일을 보냄. "내 생각은 ○○합니다. 아이디어 단계에서 몇 가지를 제안합니다"라는 메일에 부회장이 "알았어요, 마음에 듭니다. 이 방향이 맞아요"라고 응답함.(개발)

③ 존 라이스 부회장에게 제시해야 할 구체적인 대안의 모습에 대해 알게 됨.(학습)

④ 몇분 만에 작업하여 메일을 보냄.(실행)

⑤ 금요일 저녁 중 상황 종료.

이처럼 패스트윅스 에브리데이는 고객의 요구 발견(Discover), 프로토타입 개발(Develop), 테스트로 학습(Learn), 실행(Act)의 4단계로 진행된다. 패스트웍스 에브리데이는 혁신 방법론이자 기본 틀인 패스트웍스를 일반 업무의 문제 해결 도구로 만들어내어 종업원 전체의 변화를 기하려는 데 큰 의미가 있다.

4. 패스트웍스4.0: 새로운 마인드 세트와 행동 양식

패스트웍스는 '어떻게 하면 혁신적 결과물 창출을 통해 진정한 유기적 성장을 실현할 것인가?', '어디에 새로운 하얀 공간(White Space Area)이 존재하는가?', '무엇이 고객의 진정한 문제인가?'와 관련된 것이다.

이해를 돕기 위해 애플의 사례를 들어 보자.

애플의 경우에 아이팟(iPod)과 아이폰(iPhone)의 출시로 '고객이 경험하고 있는 문제'를 해결한 2002년 이후 매출과 시가총액(Market Capitalization)이 증가했다. 이를 가능케 한 것은 1997년 스티브 잡스가 복귀하면서 이루어진(수직적 소통이 중시되는 관료주의적 기업에서) 고객에 대한 깊은 공감과 이를 바탕으로 문제 해결을 지향하는 혁신기업으로의 전환 때문이었다. 이는 CEO인 스티브 잡스가 아이패드와 아이폰을 개발할 때 '고객의 문제에 공감하고, 이에 대한 해결책을 찾기 위해 고객과 수

평적으로 소통하는' 모습을 전사적으로 시도함으로써 이루어졌다.

패스트윅스4.0은 '어떻게 하면 GE가 애플과 같은 혁신기업이 되고 폭발적 성장을 이룰 것인가?' 하는 문제의식에서 출발했다. 비브 골드스타인은 2016년에 열린 린스타트업 컨퍼런스에서 패스트윅스4.0을 위해 경영자가 생각해야 할 것으로 문화, 리더십, 일(업무) 등을 언급했다. 다음은 그녀의 발언을 요약 정리한 것이다.

마인드 세트는 '누가 우리의 고객인가? 이를 위한 솔루션은 무엇인가?'에 대한 질문을 던지는 것이다. 그리고 기업의 성장으로 연결될 수 있는 사항에 대해 질문을 던지는 것이다. 우리는 고객을 이해하는 과정에서 깊은 인내심을 가지고, 답을 모른 상태에서도 이와 같은 옳은 질문을 던지는 DNA와 용기를 가진 리더십 팀을 창출해야 한다.

리더십 팀은 인내심을 가지고 실행에 옮기며, 반복되는 과정에서 학습해 나가야 한다. 아울러 벤처캐피털리스트로서의 마인드 세트를 가져야 한다. 리더십 팀은 나의 의견보다는 고객을 생각하고, 고객을 중심에 두는 '외부에서 안으로(Outside In)', '안에서 밖으로(Inside Out)'와 같은 마인드 세트가 필요하다.

현대 사회는 고객이 어려움을 느끼는 것을 먼저 찾아내 이를 기술로 연결하는 것이 중요하다. 이러한 마인드 세트는 기업 성장에 매우 중요

한 요소다. 이와 함께 이러한 마인드 세트를 기업 전체에 확산시키는 것
도 필요하다. 이를 위해서는 다음의 4단계를 거쳐야 한다.

① 먼저 '우리가 차별화할 것이 무엇인가?'를 찾는다. 가능성(Capabili-
   ty), 마인드 세트(Mindset), 활용 가능한 도구(Tools)를 찾고 수정하여
   계획(Playbook)을 세운다.
② 이를 반복해서 테스트하거나 실험한 후에 새로운 것을 넣어 학습
   하고 완성해 나간다.
③ 이를 교육하고, 다른 사람에게 교육하는 법을 가르친다.
④ 사업부에 넘겨 실행에 옮겨지도록 한다.

이 말은 어쩌면 매우 교과서적으로 보일 수도 있다. 하지만 그녀가
논한 것을 지향점으로 삼고, 현재 우리 기업이 처한 상황에서 이에 대
해 고민해본다면 이야기는 달라진다. 패스트웍스의 궁극적인 지향점
은 고객의 '잠재적' 혹은 '이미 드러난' 문제를 해결함으로써 성장을 이
루는 것이다. 이는 기업이 고객의 '잠재적' 혹은 '이미 드러난' 문제를
민감하게 느끼고, 이에 대해 빠르게 솔루션을 제공하는, 즉 고객에게
깨어 있는 기업이 되어야 한다는 것을 뜻한다. 이를 위해서는 기업의
문화, 리더십, 일(업무)이 고객에게 집중되어야 한다.

그러나 현실은 어떤가? 기업은 내부의 상하 명령 체계 혹은 책임과 역할 체계 안에서 자기에게 주어진 일을 하면 되는 방식으로 움직이고 있다. 기업 내부에서 누군가가 고객의 '잠재적' 혹은 '이미 드러난' 문제를 느낀다 해도 이에 대응하려면 상하 간 소통, 수평적 부서 간 협력에서 벽에 부딪히게 된다. 그러면 기업 상부에서 고객의 '잠재적' 혹은 '이미 드러난' 문제를 느끼고 지시해도 직원은 직면하는 벽에 좌절해 추진을 미루거나 중단하고 만다. 즉, 부서 간 사일로 때문에 고객에게 집중할 수 없는 것이다.

패스트웍스에서 다기능 팀을 구성하고, 고객을 이해하는 데 마케팅 부서에 의존하지 않고 직접 고객을 접하는 과정이 포함된 것은 이러한 사일로 문제를 극복하기 위함이다. 기본적으로 패스트웍스는 수평적 프로세스 실현을 지향한다. 수직적 관리에 익숙한 경영자는 불편하겠지만 이러한 문제를 인식하고 문화를 바꾸어야 한다. 자신의 리더십은 물론, 부하 직원의 리더십을 바꾸어 적극적으로 움직이려는 직원이 직면할 수 있는 소통의 벽을 해결해나가야 한다. 이렇게 해야 고객의 문제를 기민하게 느끼고 빠르게 솔루션을 개발하여 고객에게 전달하는 '깨어 있는 기업'이 될 수 있다.

이것이 바로 비브 골드스타인이 했던 말의 취지로 해석될 수 있다. "패스트웍스는 보다 빠르게 제품을 개발하게 했다. 또한 직원들은 더

욱 강화되고, 관료주의의 문제를 더 잘 해결하게 되었다"라는 그녀의
말에서 우리는 패스트웍스를 시행한 의도를 미루어 짐작할 수 있다.
하지만 이러한 성취는 궁극적인 지향점에 도달한 것을 뜻하는 게 아
니라 앞으로 가야할 길의 일부를 진척시킨 데 불과하다.

5. 패스트웍스 발전과 확산: 스케일 업 접근

패스트웍스가 기존의 린스타트업과 차별화되는 것은 대규모 조직에
적용시키는 접근을 취하고 있다는 점이다. 패스트웍스는 대규모 조직
적용에 도전이 되는 문제점을 개선하면서 1.0버전부터 4.0버전에 이
르기까지 지속적으로 발전해 왔다. 대규모 조직에 적용하는 접근에서
중요한 것은 확산이다. 이를 위해 에릭 라이스는 2013년 패스트웍스
분야의 코치 80명을 집중적으로 훈련시키고, 1,000명의 중역에게 린
스타트업 원칙을 소개했다. GE는 전 세계 지사에서 '100개의 패스트
웍스 프로젝트(100 FastWorks Projects)'를 시작했는데, 여기에는 헬스케어
솔루션, 가스터빈에서 시작해서 비제조 분야 사업부까지 포함되었다.
GE 캐나다의 자료에 따르면, 약 3,000명의 중역이 린스타트업 원칙
을 공유한 것으로 밝히고 있다. 또한 패스트웍스 담당 부사장인 비브

골드스타인에 따르면, 2016년 기준 800명의 패스트웍스 분야 코치가 있었고, 패스트웍스 챔피언스(FastWorks Champions)가 사업부별로 존재하였으며, 약 25,000명의 인력이 2016년까지 훈련을 했다고 한다. 이처럼 GE는 스타트업으로 재탄생하겠다는 의지로 패스트웍스를 적극 전파했다.

패스트웍스는 GE가 2011년 산업 인터넷 이니셔티브를 추진한 다음 해부터 혁신적인 스피드를 구현하기 위해 도입되었다. 하지만 일반 기업이 고객 지향적인 혁신 프로세스를 구축하고, 스피드를 올리기 위한 목적으로 패스트웍스를 적용 및 시도하려면 조직과 구성원 개인의 업무 프로세스와 평가 방식을 바꾸어야 한다. 또한 제품 개발 아이디어 창출 및 검증 과정뿐 아니라 아이디어의 프로젝트화 및 자금 배분 프로세스도 바꾸어야 한다. 혁신적인 제품을 개발하는 부서를 넘어 반복적인 업무를 하는 부서와 개인까지 변화가 이루어져야 성공할 수 있다. 아울러 개인의 평가 및 개인의 행동 방식까지 바꾸는 변화를 추구하지 않으면 조직의 사일로 문제에 직면할 수 있다. 결국 이 모든 것이 가능하려면 최고 경영자의 전폭적인 지지와 의지 표명이 있어야 한다.

최근 GE의 패스트웍스와 같은 접근이 다른 기업으로까지 확산되는 추세다. 보쉬의 경우, 패스트웍스와 유사한 도구로 MVP as a Service 를 자체 개발하여 활용하고 있다. 그리고 전 세계적으로 산업 디지털 트랜스포메이션을 이끌어가는 단체인 산업인터넷컨소시엄은 패스트웍스와 같은 유형의 도구를 산업 디지털 트랜스포메이션 비즈옵스 (BDXI: BizOps for Digital Transformation in Industry)라는 이름으로 일반명사화하여 부르고 있다.

5장

빠른 대응을 위한
수평적 조직화

01

수평적 조직화를 위한
시스템 구축

1. 사내 사례를 통한 변화관리 유도

GE는 디지털 트랜스포메이션을 추진하는 제조업의 단계적 변화 과정을 잘 보여주는 대표적 기업이라 할 수 있다. GE의 디지털 트랜스포메이션은 여러 사업부 가운데 변화 가능성이 가장 높은 부서에서 점차 다른 사업부로 확대하는 방향으로 이루어졌다. 디지털 트랜스포메이션을 추진하는 GE 소프트웨어 팀은 기존 사업부 사람들을 초청할 때 먼저 외부 경험이 풍부하고 스타트업과 같이 덜 구조화된 방법으로 일하는 사람들을 샌 라몬에 초청해 해당 사업부가 움직이도록 설득했다. 그리고 하나의 성공 사례가 나오면 다른 곳에 적용하는 방식으로 범위를 넓혀갔다. 이러한 점진적인 과정은 제프리 이멜트의 강력한 지원 아래 이루어졌다.

GE는 산업 인터넷 이니셔티브를 적용하기 시작하면서 플랫폼과 고객 인터페이스에 집중했다. 그리고 GE의 사업 가운데 플랫폼과 고객 인터페이스에 산업 인터넷 이니셔티브를 적용하면 10배의 가치가 창조되는 산업이 무엇인지 확인하려 했다. 이는 점진적 개선보다는 혁신적 접근을 추구하기 위해서였다. 이러한 산업이 있다면 시장의 10%만 확보해도 큰 수익을 얻을 수 있기 때문이었다. 그런 산업이 확인되면 관련 분야 인력이 있는지를 확인하고 모집하였는데, 이러한 접근으로 만들어진 것이 바로 GE 디지털이다.

GE 디지털은 산업 인터넷 이니셔티브 적용에 적극적인 부서와 협력하여 성공 사례를 만들고, 점차 타 부서에 확장되도록 하는 역할을 맡았다. 산업 인터넷 이니셔티브 적용에 따른 혜택은 사업부별로 다를 수밖에 없었다. 가장 빠른 혜택을 받은 사업부는 담당 사업에 최소한의 소프트웨어 서비스가 제공되고, 소프트웨어 개발 조직이 적은 곳이었다. 대표적인 곳이 GE 항공이었다. 또한 사업부별로 실행 속도와 실행에 옮길 수단을 가진 정도도 달랐다. 따라서 적용 가능성을 발견하고 적극적으로 움직이려는 사업부와 먼저 협력하기 시작하였다.

아울러 제프리 이멜트는 사업부의 산업 인터넷 이니셔티브 참여를 유도하기 위해 톱다운 방식으로 소프트웨어 위원회(Software Council), 서비스 위원회(Service Council)를 활용했다. 성공적으로 변신한 사업부의 성공 사례를 발표해 참여하지 않은 사업부를 압박한 것이다. 그러자 결국 참여에 비협조적이던 사업부도 점차 긍정적으로 선회하면서 점진적 변화가 이루어지게 되었다.

2. 수평적 협력이 가능하도록 평가 체계 개선

고객 중심의 솔루션과 제품을 제공할 때는 성과를 수치화하는 것이 중요하다. GE는 고객의 성과를 중시하는 솔루션 제공 기업을 꿈꾸고 있다. 하지만 성과를 수치화하는 부분에서는 여전히 문제점이 존재한다. 여러 조직들이 단위 조직별로 움직이기 때문에 단위 조직별로 성과를 지표화하는 것은 가능하다. 하지만 여러 부서가 협력해서 이룬 특정 제품과 솔루션에 대해서 각각의 기여도를 측정하기란 거의 불가능하다.

그러다 보니 손쉽게 성과 측정이 가능한 방법에 의존하는 경향을 보인다. 이것이 바로 고객 지향적으로 움직이는 대신 조직 간 사일로에 더 집착하게 하는 요인이 되고 있다. 이 때문에 GE는 기존의 성과 수치화 방식을 리뷰하고 개선하는 방법을 선택했다. 이에 대한 내용을 좀 더 자세히 알아보자.

1) 기존 평가: 연초에 계획 후 연말에 목표 평가

GE가 패스트웍스를 추진하는 데 있어 가장 큰 걸림돌은 인사관리 시스템(Employee Management System)이었다. 초기에 직면한 문제는 패스트웍스를 통해 혁신적인 아이디어를 창출하거나 추진한다고 해도 인사평가 시스템상 패스트웍스 참여 인력에게 불이익을 줄 수 있다는 점이었다. 에릭 라이스에 따르면, 패스트웍스 첫 워크숍 결과 5년 걸리던 개발 사이클을 18개월로 만드는 SBCE(Set Based Concurrent Engineering) 린 테크닉(Lean Technique)을 개발하자는 안이 만들어졌다. 하지만 이러한 린 테크닉 개발을 프로젝트로 제안하여 경영진의 승인을 받는 것은 처음부터 문제가 있는 것으로 확인되었다. 인사관리 시스템의 문제 때문이었다.

SBCE 린 테크닉은 엔지니어가 병렬적으로 동시에 여러 부품을 개발하는 것으로, 엔지니어는 부품 간의 독립성이 유지된 채 개발하기에 보다 많은 재작업이 요구되었다. 재작업 비용은 약 100만 달러(약 10억 원)로 개발 사이클을 줄이는 것에 비하면 큰 비용이 아니었다. 그러나 엔지니어는 이를 시도할 수 없었다. 재작업을 할 경우에 그의 핵심 평가 지표는 부정적인 수치를 기록하기 때문이었다. 결국 재작업을 많이 해 개발 사이클을 줄이는 데 기여한 엔지니어들이 오히려 부정적인 평가를 받는 것이었다. 또한 기존의 인사관리 시스템은 연간 단위, 즉 연초에 계획을 세우고 연말에 그 계획을 바탕으로 평가를 받는 방식이었다. 이러한 방식은 불확실성이 높은 프로젝트에 일하는 사람들에게는 적합하지 않은 것이었다.

그래서 GE는 2015년 중반부터 시험적으로 새로운 평가 방식을 조금씩 도입하면서 연간 단위의 평가 방식을 탈피하기 시작했다. 또한 팀워크를 저해하는 상대평가 제도는 적절치 않다고 판단해 강제등급 할당제도도 폐기했다. 그 후 '성과에 상응하는 보상을 어떻게 반영할 것이냐'를 두고 여러 가지 방식의 테스트를 진행하고 있는 상황이다.

2) 기존의 수평적 협력 방해 지표를 없애다

① 신규 평가: 협업 평가 KPI, 수시 보상 등 하이브리드형

패스트웍스는 다양한 사업부와 다양한 기능의 부서 인력들이 모여 크고 작은 디지털 혁신을 추진한다. 이런 경우 문제점 중 하나는 핵심 인력들을 모으기가 쉽지 않다는 것이다. 각 사업부 장이나 부서장들은 당장 자기 조직의 성과 창출이 더 중요하기 때문에 핵심 인력을 내주려 하지 않는다. 설령 그들이 허락해도 당사자가 참여를 꺼린다. 아무리 타 조직에서 탁월한 성과를 내도 자신의 조직에 복귀했을 때 적응도 쉽지 않고 좋은 평가를 받기도 쉽지 않기 때문이다.

GE는 이러한 부작용을 최소화하기 위해 여러 가지 방법을 시도했다. 그중 하나가 사업부 간 협업을 장려하기 위한 KPI 운영이다. 미국 샌 라몬에 있는 GE 디지털이 각 사업부 간의 협업을 강화하기 위해 사업 수익을 함께 공유하도록 한 것이 대표적이다. 이는 몬산토(Monsanto) 등 디지털 사업을 추진하는 기업들이 많이 활용하는 방법이다. 또한 GE는 패스트웍스의 성과에 따라 그때그때 보상해주는 방식도 시험적으로 테스트했다. 1년에 한 번 주는 큰 금액의 보너스 대신 수시로 급여를 인상하거나 승진, 휴가 등의 보상제도를 운영하였다.

② 대화와 코칭 등 새로운 리더십

GE는 KPI도 운영하지만, 최근에는 대화와 코칭을 통한 조직관리를 강화하고 있다. 리더는 꾸준한 대화를 통해 구성원들의 성장과 발전을 돕고, 동시에 조직의 목표를 달성해야 한다. GE에서는 리더와 구성원 간의 대화를 터치 포인트(Touch Point)라고 한다. 이러한 대화는 온라인과 오프라인을 통해 수시로 이루어진다. 리더들은 질문을 통해 구성원들에게 '내가 계속 해야 하는 일은 무엇인가?'와 '내가 변화를 시도해야 하는 일은 무엇인가?'라는 두 가지 사항을 지속적으로 점검할 수 있도록 돕는다.

리더의 피드백은 비판적 관점보다 코칭의 관점에서 이루어진다. 예를 들면, "잘 했다/못 했다"라는 평가보다 "지금 하는 방식대로 계속해보면 좋을 것 같다"라든가 "내 생각엔 이런 방식도 괜찮을 것 같은데 어떻게 생각해?"와 같은 의견 제안의 형태로 이루어진다. 이러한 대화와 코칭을 통해 리더들은 구성원들의 발전은 물론, 상호 간에 협업을 장려하는 역할도 수행한다.

GE는 리더들의 변화를 필수라고 판단한다. 현장 리더들의 변화 없이 조직의 변화는 불가능하다고 생각하기 때문이다. 물론 리더십은 하루아침에 바뀌기가 어렵다. 하지만 GE는 인내심을 가지고 꾸준히 변화를 시도하고 있다. GE의 교육기관인 크로톤빌연수원의 책임자인 라그후 크리슈나무르티(Raghu Krishnamoorthy)는 바람직한 리더십의 모습을 다음의 세 가지로 요약한다.

① 과거에는 경쟁했지만, 이제는 협력한다.
② 과거에는 사람들을 획일적으로 관리했지만, 이제는 다양성을 존중한다.
③ 과거에는 명령하고 통제했지만, 이제는 구성원들을 서로 연결하고 영감을 준다.

크로톤빌연수원은 과거에는 치열한 적자생존의 경쟁을 가르쳤지만, 지금은 보다 우호적이고 개방적인 분위기로 바뀌었다. 크로톤빌연수원에는 새로운 빌딩들이 들어서고 있는데, 물 위에 먹물이나 안료를 떨어뜨려 퍼진 무늬를 종이나 천에 옮겨 물들이는 일본 미술인 스미나가시(墨流し)를 배우는 스튜디오도 있다. 또한 리더십 교육의 중요 과정 중 하나로 마음을 다스리는 수업(Mindfulness)도 진행하고 있다. 이를 통해 리더들은 조직 내 팀워크와 협력을 장려하는 분위기를 만들어 가는 것을 학습한다.

3. 디지털 도구를 활용한 격려

GE는 피드백을 보다 활성화시키기 위해 PD@GE(Performance Development at GE)라는 앱을 만들어 운영하고 있다. 이 앱은 코멘트, 통찰력 등의 서브 앱을 가지고 있다. 앱에는 구성원들 각자가 해야 할 일들이 올라오고, 리더들은 이에 대해 수시로 코멘트하고 논의하는 역할을 한다. 이를 위해 노트, 사진 첨부, 음성 녹음 등 업무에 필요한 기능들도 담고 있다. GE의 인재개발실은 "리더들은 구성원들을 점수 매기고 평가하는 것이 아니라 더 잘할 수 있도록 도와주는 일(Constant Improvement)을 해야 한다"라고 강조한다.

구성원들은 '통찰력(Insights)'이라는 서브 앱을 통해 직속 상사는 물론 다른 동료나 다른 부서의 사람들에게까지 의견을 요청할 수 있다. 사람들은 앱을 통해 "계속하세요(To continue doing something)" 또는 "조금 바꾸어 보는 것도 괜찮을 것 같아요(To consider changing something)"라는 두 가지 형태로 의견을 줄 수 있다. 대화와 코칭 과정에서 가급적 부정적인 뉘앙스를 주지 않기 위해 앱의 언어를 선정하는 데도 적잖게 신경을 썼다. 이에 대해 GE의 인재개발실 책임자인 수전 피터스는 "언어 선택은 매우 중요하다. 사람들은 누구나 부정적인 피드백을 좋아하지 않기 때문에, 이러한 앱을 통해 서로 적극적으로 대화하고 돕도록 하려면 긍정적인 방식으로 피드백을 할 수 있는 시스템 설계가 필요하다"고 말했다.

GE는 이처럼 시대에 맞게 리더가 변하고, 전 임직원의 조직문화가 바뀌어야 한다고 생각하고 있다. 그렇지 않으면 디지털 혁신은 불가능하다는 인식을 하고 있다.

02

무엇을 위한
수평적 조직화인가?

제조 인터넷 비즈니스 모델은 힘이 강해진 고객의 문제에 빠르게 대응하여 해결하는 데 있다. 이를 위해서는 수평적 '고객 중심' 대응 프로세스가 기업의 최소 단위까지 구축되어 있어야 한다.

앞에서 살펴본 패스트웍스는 다기능 팀을 구축해 수평적으로 솔루션을 제공하고, 고객의 문제를 해결하는 프로세스를 구축하는 도구다. 패스트웍스 에브리데이는 기업 내부에서 상호작용하는 상대방을 고객으로 간주하여 '고객 중심' 프로세스가 기업의 최소 단위까지 구축되도록 하는 것이다. 이것이 가능하려면 수평적 조직화가 필수다. 디지털 고객 접점에서 빠르게 대응하기 위해서는 고객으로부터 전달되는 데이터가 사일로(집단 이기주의)를 넘어 수평적 상호작용이 이루어지도록 내부에 IT 인프라를 구축하고 활용할 필요가 있다. 그리고 앞에서 설명한 조직의 변화도 필요하다.

고객이 원하는 제품을 빠르고 유연하게 생산하기 위해서는 데이터 기반의 '프린팅', 즉 3D 프린팅(적층제조)이 이루어져야 한다. 여기서는 데이터 활용을 위한 수평적 상호작용은 GE 디지털을 중심으로 설명하고, 데이터 기반의 적층제조 활용을 위한 수평적 상호작용은 GE 어디티브를 중심으로 설명할 것이다.

1. 일하는 방식의 수평적 조직화

앞에서 패스트웍스를 설명하면서 다기능 팀이 수평적으로 솔루션을 제공해 고객의 문제를 해결하는 프로세스를 구축한다고 말한 바 있다. 이에 대해 좀 더 자세히 살펴보자.

단위 조직 측면에서 GE는 패스트웍스의 도입으로 수평적 팀 운영이 강조되고 있다. 팩스트웍스 팀은 범부처적으로 구성되고 운영된다. 또한 디자인 싱킹이 적용되는 디자인 센터에서의 작업도 팀워크를 바탕으로 수평적 소통이 이루어진다. 비브 골드스타인은 GE 헬스케어 솔루션의 사례를 들어 패스트웍스 도입으로 인해 테스팅, 러닝, 이터레이팅이라는 수평적 과정을 중심으로 조직화가 이루어졌다고 말했다.

GE가 데이터를 자산으로 활용하여 고객의 성과를 향상시키려면 사일로를 넘어서야 하고, 이를 위해서는 통합된 데이터를 관리하는 조직이 필요하다. 그리고 제품이 스마트한 소프트웨어에 의해 작동되도록 개발하려면 IT 부서와 개발 부서 간의 긴밀한 협력도 요구된다. 또한 개발된 소프트웨어가 실제로 장착되어 제품이 성능을 제대로 구현하기 위해서는 소프트웨어 제품을 운영하는 부서, 즉 개발 부서와 운영 부서 간의 긴밀한 협력도 요구된다. 이 외에도 고객의 성과관리를 위한 마케팅, 판매, 서비스 지원 부서의 협조도 필요하다. 이에 대한 개념적인 이해를 확실히 하고 싶다면 아래에 있는 조직도를 참고하기 바란다.

〈새로운 조직 구조〉

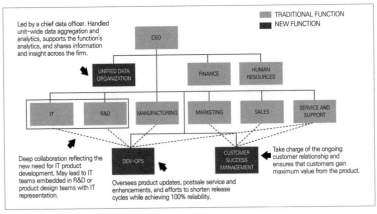

자료: Porter and Heppelmann, 2015

1) GE 디지털과 데이터를 활용한 수평적 조직화

GE 디지털은 2011년 GE가 산업 인터넷 이니셔티브를 주창한 후 시스코 출신의 빌 루를 영입하면서 태동했다. 전신인 GE 연구소(GE Research Center)의 GE 소프트웨어에서 출발해 디지털 기술 팀(Digital Technology Team)이 되었다가 2015년에 GE 디지털이 되었다. GE 디지털은 다양한 사업 및 각 분야의 전문가들로 구성되어 있고, 엔진, 전력, 헬스케어 등과 같은 사업부 조직의 데이터 활용을 돕는 산업용 사물인터넷(IIoT) 플랫폼 인프라와 소프트웨어를 제공한다. 구체적으로 보면 GE의 핵심 플랫폼인 프리딕스 등을 개발해 공급하고, 타 부서의 혁신 활동을 지원하는 조직이라 할 수 있다. 또한 각 사업부의 혁신 정도를 측정하는 지표를 만들고, 어느 사업부가 더 혁신을 추진하는지 공유하여 보다 적극적으로 혁신을 하도록 리더십을 발휘한다.

그와 함께 GE 디지털은 프리딕스 개발로 사업부와 부서 간에 수평적 소통을 촉진하는 효과도 제공하고 있다. 프리딕스 이전에는 사업부별로 각기 다른 소프트웨어를 만들었다. 이로 인해 소통을 하거나 시너지를 확보하는 데 어려움이 있었다. 하지만 프리딕스는 여러 부서에서 개발하는 소프트웨어에서 공통된 부분을 전사적 차원에서 공유토록 함으로써 수평적 소통과 협력의 기반을 마련했다.

GE 디지털은 각 사업부에서 필요로 하는 소프트웨어 개발도 담당하고 있다. 또한 GE 디지털의 기술 팀은 IT 전문가를 전사에 수평적으로 배치하고, 생산성을 높이는 제품을 개발하는 데 주력하고 있다.

GE 디지털은 수평적 협력에 대한 실적으로 평가를 받는다. GE 디지털의 실적은 '서비스 비즈니스의 성장과 설치된 소프트웨어당 달러(Growth of Service Business and Dollar per Installed Base)'로 측정된다. GE 디지털은 이처럼 다른 사업부의 손익에 영향을 받기 때문에 그들에게 영향을 미치는 데 주력한다. 가령, GE 디지털은 다른 사업부가 필요로 하는 소프트웨어 개발 역량을 갖추고 관리하기 때문에, 소프트웨어를 만들어 달라는 지원 요청에 이를 통해 얼마나 돈을 벌 수 있는지 해당 사업부에 물을 수도 있다. 이러한 질문은 다른 사업부가 필요로 하는 소프트웨어 개발을 통해 성과를 인정받는 GE 디지털 입장에서는 미래의 성과를 점검하는 것이라 할 수 있다. 이러한 절차를 통해 GE 디지털은 사업부와의 수평적 협력으로 성과를 인정받는 조직임을 알 수 있다.

2) GE 어디티브와 적층제조를 활용한 수평적 조직화

적층제조 사업을 하고 있는 GE 어디티브는 어느 날 갑자기 등장한 회사가 아니다. GE는 20여 년 전부터 적층제조 기술을 주의 깊게 관찰하고 기술 투자를 해왔으며, 미래 가치와 가능성을 확인한 후 GE

어디티브를 설립한 것이다. GE는 그 가능성을 내부에 있는 사업 부문에서 먼저 확인했다. 그리고 고객사들에게도 충분한 가치를 제공할 수 있다고 확신을 가지자 2016년 GE 어디티브를 발족하게 되었다.

GE 어디티브는 적층제조에 대한 높은 전문성을 가지고 있고, 고객 가치 향상을 위한 광범위한 역량을 보유하고 있다. 또한 독자적으로 보유한 3D 프린팅(적층제조) 장비와 생산용 소재, 운영 소프트웨어를 비롯해 컨설팅 서비스인 애드웍스(Addworks)도 함께 제공하고 있다. 특히 애드웍스는 20년 이상의 경험을 가진 엔지니어들로 팀을 구성해 목적에 맞는 기술은 물론 어떻게 설계하고 제작할지 모색하고, 품질 관리 및 수요와 연동한 생산 규모 산정 등에 대해 고객과 밀착하여 토털 컨설팅 서비스를 제공한다.

GE 어디티브는 적층제조 적용에 관한 사업을 담당하는 부서로서, GE 제조 방식의 근본적인 전환에 기여하고 있다. 예를 들면, 기존보다 혁신적으로 가벼운 GE 항공의 립 엔진 노즐은 물론 엔진의 예지 정비(Predictive Maintenance)를 위한 센서 부착도 GE 어디티브의 적층제조 기술에 의해 가능해졌다. 현재 GE 어디티브의 적층제조 기술은 비행기 엔진 제작에 본격적으로 적용되고 있는 상황이다. 예를 들면 적층제조된 300개의 부품이 포함된 GE 9X엔진은 보잉 777X에 장착되어 2020년 1월 시험 비행을 마친 상태다. 또한 GE 어디티브는 100% 적층제조 방식으로 시험적 엔진 제작에 성공한 것으로도 알려졌다. 이는 GE가 어떤 물건이든 적층제조 기술로 제작이 가능한 상태에 이르렀음을 의미하며, GE 어디티브가 어떤 사업부와도 '제품 제작'과 관련하여 협력할 역량을 갖추고 있음을 뜻한다.

　GE 어디티브는 현재 사내 사업부와 수평적인 협력을 통해 제품을 제작하는 방식을 취하고 있다. 이러한 방식은 독립적인 적층제조 회사보다 다음과 같은 부분에서 유리하다. 독립적인 적층제조 회사는 사용자인 자동차 또는 조선업체 등에서 제작하려는 부품에 대한 설계도를 받으려 한다. 반면 사용자 업체는 기존에 공작기계나 로봇을 이용해 제작하던 부품을 적층제조 방식으로 제작하는 게 과연 더 효과적인지를 미리 알 수가 없다. 더 효과적인지를 점검하려면 외부의 적층제조 업체와 협력해야 하는데, 해당 업체가 제작에 관해 전문적 기술을 가지고 있는지 미리 알아챌 수가 없다. 또한 협력 과정에서 공정의 핵심인 설계 도면이 유출될 위험성도 존재한다. 따라서 설계도를 외부의 적층제조 회사에 제공하는 것을 주저할 수밖에 없다. 이에 비해 GE 어디티브는 사내 관계를 통해 이러한 문제를 쉽게 극복할 수 있다.

　GE에서 적층제조 기술을 활용한 사내 변화의 대표적인 예는 GE 애비에이션에서 찾아볼 수가 있다. GE 애비에이션은 신형 제트엔진용

초고효율 연료노즐 개발을 착수한 10년 전부터 적층제조 기술에 적극 투자해 왔다. 2015년부터 축구장 3개 크기의 적층제조 기술센터(Additive Technology Center)를 운영해 왔는데, 지금은 100대 가량의 3D 프린터를 활용하고 있으며, 약 300여 명의 직원이 관련 업무에 종사하고 있다.

이 외에도 GE 헬스케어는 의료용 스캐너 부품을 3D 프린팅으로 테스트 중이며, 스웨덴에 적층제조를 위한 연구소를 설립했다. 또한 GE 파워는 적층제조 기술을 적용한 블레이드와 연료노즐로 만들어진 최신 9HA 터빈을 개발해 연료 효율(62% 이상)이 기네스북에 등재될 정도로 우수한 성능을 보여주기도 했다. GE 운송도 현재 기관차 열교환기에 적층제조 기술을 사용하고 있으며, 베이커휴즈 GE와 GE 리뉴어블 에너지 사업부도 적층제조 기술을 다양하게 적용하고 있다.

이렇듯 GE는 2020년 기준으로 1,000개 이상의 적층제조 프로젝트를 전사적으로 진행하고 있다. 사업부 입장에서는 서로 배치되는 부분도 있었겠지만 상호 협력을 통해 미래를 준비해 오고 있었던 것이다. 이러한 수평적 소통의 결과, GE는 기존 제품과는 비교도 할 수 없는 매우 혁신적인 제품들을 만들어내고 있다. 대표적으로 GE 애비에이션의 최신 제품인 카탈리스트(Catalyst) 터보프롭 엔진은 부품을 855개에서 12개로 축소했고, 엔진 무게를 5%가량 줄였으며, 연료 소모도

20% 정도 줄일 수 있었다. 이러한 GE 어디티브의 활동은 수평적으로 제품 혁신과 공정 혁신을 도와 사업부의 경쟁력을 높이고, 디지털 데이터에 의한 생산 방식을 전사적으로 구현하도록 하는 효과를 보이고 있다.

인터넷으로 연결된 개별 고객 맞춤형의 차세대 공장은 기존의 제조 장비와 3D 프린터를 결합한 방식으로 점차 이동할 수밖에 없다. 이 분야에서 가장 선도적인 기업이 바로 GE라 할 수 있다. 최근 GE가 엔진을 금속 적층제조 방식으로 생산했다는 것은 향후 어떤 물건이든 경제성만 있다면 제조할 수 있는 역량을 갖추었다는 것을 의미한다. 이러한 역량은 향후 서비스 주도의 경쟁, 특히 유연성과 스피드가 요구되는 제조업 분야에서 경쟁력의 원천이 될 것이다.

예를 들어 로컬모터스(Local Motors)는 적층제조 방식으로 제작한 플라스틱 차체에 배터리와 타이어 등의 부품을 장착해 고객이 인터넷으로 주문한 자동차를 생산한다. GE는 현재 로컬모터스처럼 고객이 인터넷으로 원하는 디자인의 전기자동차를 주문하면, 적층제조 방식으로 만든 플라스틱 차체에 배터리와 타이어 등의 부품을 장착하기만 하면 시중에서 판매되는 전기자동차와 유사한 제품을 만들 능력을 갖추었다고 할 수 있다. 또한 같은 설비로 고객이 인터넷을 통해 원하는 디자인의 전기 오토바이를 주문하면, 컴퓨터로 설계 도면만 바꾸어 시중에서 판매되는 전기 오토바이와 유사한 제품을 만들 수도 있다.

GE의 푸네 공장은 2억 달러 넘게 투자한 공장으로, 제트엔진부터 자동차 부품까지 4개 사업부의 다양한 제품을 생산한다. 이는 GE의 130여 년 역사에서 처음 있는 일이다. 축구장 38개 크기에 1,500명가량이 근무하는 이 공장은 생산 라인과 지원 인프라, 3D 프린터, 레이저 검사 장비를 공유하여 사용한다. 이 공장은 제트엔진과 자동차 부품, 터빈 외에도 오일&가스 부문과 농업 분야에서 사용하는 물 관리 부품(Unit)도 생산한다. 이에 대해 GE 사우스 아시아의 CEO인 반말리 아그라왈라(Banmali Agrawala)는 "이 공장은 주문이 들어옴에 따라 동일한 사람과 공간을 활용하여 빠르게 생산을 조정한다"고 말했다.

앞으로는 제조업이 인터넷 주문에 따른 고객 맞춤형 제품 제작 서비스를 제공하는 시대가 될 것이다. GE는 이러한 시대를 준비하며 3D 프린터를 활용해 유연하고 빠르게 제품을 공급할 수 있는 기술적 기반을 이미 마련한 것으로 보인다. 적층제조 기술을 적극적으로 활용한다면 해당 부품을 바로 근처에서 생산해 공급하는 것도 가능해질 것이다.

이러한 GE의 선도적인 변화는 우리 기업에게 큰 시사점을 제공한다. GE와 같은 글로벌 기업은 적층제조 기술을 적극적으로 적용하는 반면, 한국은 잘못된 선입견, 기술 이해 부족, 수평적 소통 미흡, 작업 방법의 낙후 등으로 인해 기술의 수용도가 낮은 상황이다. 이에 대한 진지한 고민이 필요하고, 적극적으로 새로운 시도를 하는 노력이 필요하다고 하겠다.

2. 고객에게 수평적으로 반응하는 조직화

사업부를 뛰어넘는 수평적 조직화는 'GE 스토어(GE Store)'라는 개념으로도 설명이 가능하다. 2015년 제프리 이멜트는 지원 부서에 보낸 메일에서 다음과 같이 말한 바 있다.

"우리는 GE 전체에 수익을 주는 경쟁우위를 'GE 스토어'라고 부른다. GE의 모든 사업부는 동일한 기술과 시장, 지적 능력을 공유해야 한다."

이는 수평적 마인드 세트를 고취하는 것으로서, GE 전사가 고객 중심적이며 수평적 협력을 해야 함을 뜻한다. GE에서 자주 사용하는 "GE 스토어는 상상 속의 시장이다"라는 표현도 같은 의미를 지닌다. 여기서 고객이란 외부 고객뿐 아니라 내부 고객도 포함한다.

'GE 스토어'가 시장에 적용되는 경우를 살펴보자. 이는 사업부 범위를 넘어 범사업부 영업 및 솔루션 제공에 적용되는 경우인데, 대표적인 예로는 고객 프로젝트 수주 시 사업부가 협력하여 공동으로 수주를 추진하는 것을 들 수 있다. 가령, GE 헬스케어의 영업 담당자가 병원에서 의료기기를 판매할 때 고객으로부터 비상사태 발생 시 필요한 발전용 엔진을 요청받았다면 그는 이를 GE 파워 사업부에 전달한다. 그리고 나면 수주를 위해 이 두 사업부가 함께 제안하고, 협력하는 일이 일상적으로 일어난다. GE는 'GE 스토어'를 "우리 회사의 수평적 플랫폼으로서, 규모를 지렛대로 삼고, 시장 솔루션을 창출하고, 지식(Intellect)을 전파하고, 전 세계적으로 사업을 확장하는 플랫폼"이라고 정의한다. 여기서 시장 솔루션 창출은 범부처적 영업 솔루션 제공을 의미하고, 지식을 전파하는 것은 기술과 관련된 것이다.

그와 함께 GE는 GE 중앙연구소를 "GE 스토어의 초석이다"라고 밝히며 전사에 적용 가능한 수평적 기술(Horizontal Technologies)로 사업부에 필요한 것을 개발해내고 있음을 강조한다. 사례를 찾아본다면 H-turbine, CFM Leap engine, Revolution CT, grid-parity renewable energy portfolio를 개발하고, 디지털 트윈을 발명했음을 2016년 GE 리포트에서 발견할 수 있다. 여기서 디지털 트랜스포메이션을 이끌어가는 기술과 관련된 것으로 디지털 트윈과 CFM 립 엔진을 주목할 필요가 있다.

여기서 디지털 트윈은 사이버 공간과 실제 공간을 실시간으로 연결할 뿐만 아니라 사이버 공간상 해당 기계의 고장 가능성을 예측하는 분석이 포함된 기술이다. 그리고 CFM 립 엔진은 항공기 엔진에 한정된 것처럼 보이지만 3D 프린터를 이용하여 진동, 소음, 압력 등에 관한 정보를 보낼 수 있도록 기계에 센서를 부착하는 기술을 포함하고 있다. 결국 이러한 기술들은 모든 사업부에 적용이 가능한 기술이라고 할 수 있다.

GE 스토어가 이처럼 여러 사업부에 수평적 연계의 초석을 만들려는 것은 GE의 강점을 강화하기 위함이다. 이러한 수평적 협력은 솔루션을 제공하기 위한 고객 중심적 활동이라 할 수 있다. GE는 이를 지원하는 프로세스 툴(Process Tool)로 패스트웍스를 적용하고 있음을 2015년 GE 리포트에서 밝히고 있다.

GE 스토어 외에도 이와 유사한 수평적 조직이 있다. 바로 글로벌

〈GE Store의 수평적 구조〉

GE Store의 사업	GE Store의 사업에서 얻는 것
POWER	GLOBAL SCALE
RENEWABLE ENERGY	TECHNOLOGY
OIL&GAS	CAPITAL
AVIATION	SHARED SERVICES
HEALTHCARE	LEADERSHIP
TRANSPORTATION	DIGITAL
ENERGY CONNECTIONS & LIGHTING	ADDITIVE MANUFACTURING

자료: Gulati(2018), p. 21.

성장조직이다. 이는 3장에서 언급한 바 있으나 간략히 다시 소개하면 다음과 같다. 글로벌 성장조직은 연구개발, 재무, 제조, 인적 자원 관리 등 많은 부분에 관여를 하고 있다. 이는 빠른 속도로 성장하고 있는 중국과 인도 등의 시장에서 중앙 위주 관리의 한계를 극복하기 위한 조직이다. 글로벌 성장조직은 고객과 시장의 니즈를 이해하고, 이에 적합한 제품을 개발하며, 지역 팀(Local Team)이 사업부 리더와 상호작용하여 지역에 맞는 제품을 제공하도록 돕는다.

또한 글로벌 성장조직은 전년 대비 성장을 기준으로 한 본사 위주의 매출 목표를 넘어 시장 잠재력에 대한 가설을 세우고, 시험을 통해 시장을 창출하는 역할도 담당한다. 아울러 이들은 사업부에 필요한 사항을 요청하고, 지역에서 필요로 하는 것도 지원한다. 즉, 글로벌 성장조직은 연구개발, 재무, 제조 등 지역 팀은 물론 본사와의 수평적 소통을 통해 지역 차원의 수요에 긴밀하게 대응하고, 자원을 투입해 손익(P&L)이 주어지는 조직인 것이다.

GE의 디지털 조직 프레임워크(Digital Organization Framework)는 하드웨어 중심 기업이 소프트웨어 중심 기업으로 전환하는 데 있어 새로운 조직화가 어떻게 진행되는지를 보여주는 프레임워크다. 빌 루는 하드웨어 기업의 디지털 트랜스포메이션에서 가장 어려운 부분이 기술보다는 재능과 문화, 분야 지식(Domain Knowledge)을 여는 능력이라고 보았다. 여기서 분야 지식을 여는 능력이란 '분야 지식의 데이터화'와 '데이터를 활용해 일하는 방식으로 전환하는 능력'을 말한다. 이를 해결하기 위해 그는 새로운 조직화가 필요하다고 보았다. 제품에 초점을 둔 CDO(Chief Digital Officer)와 내부 혁신을 담당하는 CIO(Chief Innovation Officer)가 협업해서 회사의 분야 지식을 여는 것이 필요하다고 본 것이다.

이는 OT(Operation Technology: 운영 기술)와 DT(Data Technology: 데이터 기술)를 결합하여 현장의 문제를 데이터화하여 인지하고, 데이터 분석을 통해 솔루션 대안을 도출하도록 하는 것을 의미한다. 이러한 과정이 원활히 이루어지기 위해서는 이를 가능하게 하는 조직을 갖추는 것이 필요하다. 이와 관련하여 빌 루가 제시한 디지털 조직 프레임워크가 궁금하다면 'GE 이노베이션 포럼 2017 라이브' VOD (https://www.gereports.kr/ge-innovation-forum-2017-live-vod/ 11분 10초 강연 슬라이드)를 참조하기 바란다.

3. 오픈 혁신을 통한 글로벌 크라우드 소싱

GE의 오픈 혁신은 2011년부터 추진된 산업 인터넷 이니셔티브 때부터 추진된 것이 아니다. 그러나 산업 인터넷 이니셔티브 추진에 따라 혁신적인 스피드 제고의 중요성이 강조되면서 그 중요성 또한 커졌다. 외부 자원을 활용하여 자사 내에서 보다 빠른 속도를 낼 수 있다면 오픈 혁신은 스피드를 올리기 위한 좋은 방법이 될 수 있다. 오픈 혁신의 현실적 가능성은 인터넷의 발전과 이를 가능하게 한 크라우드 기술과 보안 기술은 물론, 새로운 비즈니스 모델의 발전이 이루어지는 혁신 생태계의 형성에 그 배경이 있다. 현재 GE는 혁신적으로 속도를 올리는 데 오픈 혁신을 잘 활용하고 있는 대표적인 기업이라고 할 수 있다.

대표적인 오픈 혁신으로는 아이디어 창출 및 크라우드 소싱(Crowd Sourcing)을 진행하는 글로벌 브레인 사업을 들 수 있다. 글로벌 브레인 사업의 첫 번째 목표는 전 세계 인재들의 아이디어 활용에 있다. 이를 위해 GE는 'Industrial Remix Challenge'라는 콘테스트를 실시하였다. 전 세계 대학생을 대상으로 한 GE 기존 제품의 새로운 용도를 고안하는 콘테스트였다. 의료용 기기인 MRI 등을 완전히 다른 용도로 사용하는 아이디어를 모집한 것을 예로 들 수 있다. 'Ecomagination Challenge'의 경우에는 GE를 위한 그린 혹은 신재생 에너지 분야의 아이디어를 개인이나 스타트업에게 구하는 오픈 혁신이다.

오픈 혁신에서 또 하나의 방법은 지식 공유가 가능한 인터넷 생태계를 활용하는 것이다. 예를 들면, 2013년에 3D CAD를 테마로 전 세계의 엔지니어 및 디자이너들이 참가하는 오픈 커뮤니티인 'GrabCAD'와 합작한 공모전이 있었다. 2,033그램의 엔진 브라켓을 3D 프린터로 리디자인하는 부품 설계 및 제조법을 전 세계에서 모집, 글로벌 불특정 다수에게 업무를 크라우드 소싱한 것이다.

최종적으로 1등을 차지한 사람은 인도네시아의 엔지니어였다. 그는 무게의 84%를 줄여 327그램의 브라켓 디자인을 만들었다. 차세대 엔진의 주요 부품 디자인과 제조법에 생면부지 인도네시아 엔지니어의 것을 채택한 것은 지금까지 GE에서는 상상조차 할 수 없던 일이었다. 제출된 디자인은 철저한 평가 과정을 거쳤고, GE 글로벌 리서치 센터에서 테스트 한 결과 심의 기준을 통과했다.

또한 GE의 오픈 혁신은 크라우드 소싱 플랫폼을 통해서도 이루어진다. 2016년에 출범한 크라우드 소싱 플랫폼 퓨즈(Fuse)가 대표적인데, 이는 '마이크로 팩토리(Micro Factory)' 네트워크에 연결되어 빠른 프로토타이핑과 디자인이 가능하다. 제조 과정에서 엔지니어가 해결할 수 없는 문제에 대해 공모하고, 잠재적 솔루션을 탐색하여 마이크로 팩토리에서 3D 프린터로 최소 기능 제품을 창출하게 된다.

퓨즈는 보다 효과적인 방법을 찾고 있는 GE의 내·외부 전문가와 협력하는 지니어스링크(Geniuslink)가 만든 플랫폼으로, 이들은 전 세계의 다양한 기술 공모에 참여하는 포럼을 운영하고 있다. 퓨즈 커뮤니티(Fuse Community)는 전 세계에서 약 8,000명이 활동하는데, 이 커뮤니티는 새로운 아이디어를 찾고 입증하고 개선해 제품이 빠르게 시장으로 출시되도록 하는 과정에 참여하고 있다. 퓨즈를 통한 공모의 대표적인 예로 기계 검사를 위해 스캔한 디지털 데이터 파일을 빨리 처리하는 방법을 들 수 있다. 최근에는 퓨즈를 통한 새로운 제품 및 기술 개발에 대한 공모도 이루어지고 있다고 한다.

6장

GE의 혁신에서
무엇을 배울 것인가?

01

GE는 정말 실패한 기업일까?

1. 디지털 트랜스포메이션이 GE를 망쳤다?

한국 사회에서는 주가 하락과 제프리 이멜트의 퇴진으로 'GE는 실패한 기업이다'라는 분위기가 팽배하다. 이러한 견해는 GE가 디지털 트랜스포메이션을 위해 무수히 추진한 혁신적 대안과 그 결과가 그려낸 여러 궤적에 대해 살펴보는 눈을 가리는 문제점이 있다. '빠른 기술 변화에 깨어 있는 기업', '고객이 원하는 것이나 잠재적으로 원하는 것에 보다 깨어 있는 기업'이 되기 위해서는 시행착오가 불가피하다. 디지털 트랜스포메이션 추진 과정에서 경영 성과가 저조하게 나타난다면 원인을 찾고 개선해 나가면 된다. 지속적으로 개선해 나간다면 미래에 대한 희망이 존재한다.

제프리 이멜트가 사임하면서 GE의 디지털 트랜스포메이션 추진이 사실상 실패하지 않았느냐는 의견도 물론 존재한다. 하지만 필자는 GE의 디지털 트랜스포메이션에 대해 사실을 확인하는 입장에서 접근할 것을 제안한다. GE의 주가 폭락을 디지털 트랜스포메이션의 실패 근거로 제시하는 견해에 대해 검토해보자.

산업 인터넷 이니셔티브가 추진된 후 GE의 주가 흐름을 보자. 콜빈은 GE의 주가와 기업 성과, 그리고 이멜트의 사임을 종합적으로 분석하면서 222페이지의 그림과 같이 2010년부터 2018년 1월까지의 주가 추이를 보여주고 있다. 이 그림에서 GE의 주가는 2010년부터 2017년 중반까지 지속적으로 상승세를 나타내고 있다. 2011년부터 2017년까지 이루어진 디지털 트랜스포메이션에 대해 실패라고 볼 증거는 어디에도 없다. 2017년 중반 이후부터 GE의 주가가 갑자기 떨어지는데, 과연 이것이 디지털 트랜스포메이션의 실패 결과인 걸까? 디지털 트랜스포메이션이 GE의 장기적 생존을 위해 추진되었다는 점에서 이런 질문은 부적절하다. 만약 디지털 트랜스포메이션의 실패로 주가가 하락했다면 다음 중 하나에 해당해야 할 것이다.

• 디지털 트랜스포메이션을 적극 추진한 사업부가 다른 사업부에 비해 부진한 성과가 나타났거나 이전부터 진행된 부진한 성과를 주주가 뒤늦게 알아차림.

- 디지털 트랜스포메이션에 대한 지나친 지출로 주가를 폭락시킬 수준의 큰 손실을 야기하여 수익성이 급속히 악화했거나 이전부터 수익성이 악화된 것을 주주가 뒤늦게 알아차림.

첫 번째와 관련해 산업 인터넷 이니셔티브를 적용한 사업부 중 2018년 상반기 매출을 2017년 상반기와 비교해보자. 가장 많은 매출을 기록한 GE 파워는 76억 달러로 2017년에 비해 19% 감소한 것으로 나타났다. 반면 2위를 기록한 GE 애비에이션은 76억 달러로 13% 증가했고, 3위를 차지한 GE 오일&가스는 55억 달러로 85% 증가, 4위를 차지한 GE 헬스케어는 50억 달러로 6% 증가했다. 그리고 GE 재생에너지(GE Renewable Energy)는 17억 달러로 29% 감소, GE 운송(GE Transportation)은 9억 달러로 13% 감소, GE 조명(GE Lighting)은 4억 달러로 9% 감소, GE 캐피털은 24억 달러로 1% 감소한 것으로 나타났다. 여기서 5조 이상의 매출을 보인 사업부를 위주로 해서 보면 GE 파워 외에는 모두 매출이 증가했음을 알 수 있다. 사실 2017년 중반 이후 GE 주가 폭락의 주 요인이 디지털 트렌포메이션에 대한 지나친 지출로 수익성이 급속히 악화되었다고 주장하는 것은 그 어디서도 발견할 수 없다.

2. GE 주가 하락의 근본적인 이유

그렇다면 2018년에 GE의 주가가 곤두박질친 것은 무엇 때문일까? 증권가에서는 GE 파워와 GE 캐피털의 부진한 성과를 주가 하락의 가장 큰 요인으로 꼽았다.

GE 디지털에 대한 투자가 과연 주가 폭락을 가져올 만큼 재정 상황에 나쁜 영향을 미쳤는지 확인해 보자. 참고로 이멜트는 GE 애널리틱스에 약 60억 달러를 투자했다고 밝혔다. GE 디지털의 총수익은 약 40억 달러로 전통적인 산업의 소프트웨어 매출을 포함하고 있다. 하지만 아직까지 GE 디지털에 대한 투자가 GE에 재정적 타격을 주었다는 글은 그 어디서도 보이지 않는다.

콜빈에 따르면, 디지털 트랜스포메이션이 진행된 7년여 기간에 대해 증권 분석가들은 오히려 긍정적으로 평가하고 있다고 전했다. 따라서 디지털 트랜스포메이션 추진으로 주주들이 GE에 부정적인 입장을 갖게 되었고, 그 결과 주가가 하락했다는 것은 타당한 근거가 되지 못함을 알 수 있다. 실제로 GE는 2011년 산업 인터넷 이니셔티브를 시작한 후 2013년부터 2019년까지 4대 주력 산업 모두 매출이 성장세에 접어들었거나 현상을 유지하는 수준을 나타냈다. 아래 그림에 따르면, 항공(성장세), 발전(현상 유지 수준에 약간 못미치는 수준 감소), 보건(현장 유지 수준에서 약간의 상승세), 오일&가스(2018년까지 현 수준에서 약간 상승세, 2019년에는 해당 사업부 없음) 수준을 확인할 수 있다.

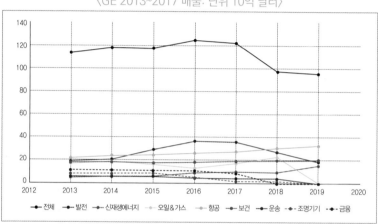

〈GE 2013~2017 매출: 단위 10억 달러〉

주: GE Annual report 2015, 2016, 2017, 2018, 2019 참조.
(2019년 0으로 나타난 사업부는 해당 사업부 매각 등으로 해당 사업부가 없어지거나
정상적인 활동이 정지된 사업부임)

콜빈은 무엇보다도 주가 하락의 원인으로 현금 유입에 비해 유출이 많았던 것을 꼽았는데, 그는 그 근거를 포트폴리오에서 찾았다. 먼저 부실기업인 알스톰을 인수한 후 저조한 성과에 영향을 받은 전력 부문의 GE 파워가 2017년 5월 영업이익(Operating Profit) 전망을 흑자로 발표했는데, 시간이 지남에 따라 더욱 악화되고 12,000명을 해고한 점이 크게 작용했다. 두 번째로 GE 캐피털의 낮은 성과도 여기에 한몫

했다. 참고로 실적을 들여다보면 유일하게 적자를 계속 내고 있는 사업은 GE 캐피털로, 2017년 마이너스 62억 달러를 기록했다.

⟨GE 주가 추이 2010~2018⟩

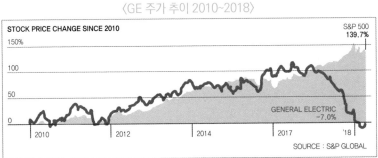

자료: S&P Global as cited in(Colvin, 2018)

따라서 GE의 주가 폭락과 성과 부진은 디지털 트랜스포메이션이 직접적으로 야기한 것이 아님을 알 수 있다. 이상 논한 것을 종합해 볼 때 GE의 주가와 디지털 트랜스포메이션 간의 관계는 다음과 같이 정리할 수 있다.

첫째, 기업 성과는 디지털 트랜스포메이션 외에도 경제 여건, 관련성이 낮은 사업 분야의 포트폴리오(예: 보험) 등 여러 가지 복합적인 요인에 의해 나타난다. 디지털 트랜스포메이션은 기업이 사업하는 방식을 바꾸는 것으로 스킬, 프로젝트, 인프라, IT 시스템은 물론 사람, 기계, 비즈니스 프로세스를 바꾸는 것이다. 따라서 이를 단기적 관점에서 기업의 수익이나 주가와 연관지어 언급하는 것은 무리가 있다.

그럼에도 불구하고 GE가 디지털 트랜스포메이션에 대한 도전을 과소평가했다는 주장과 고객이나 경쟁자의 준비 상황을 보고 투자했어야 한다는 주장이 제기되고 있다. 그러나 이러한 주장은 현실 반영에 어려움이 따른다. 고객이나 경쟁자의 준비 상황을 사전에 알 수가 없는 상황에서 향후 경쟁 구도를 미리 예측하고 대응해야 하기 때문이다. 경쟁자의 도전이 임박했을 때 디지털 트랜스포메이션에 대한 의사결정을 했어야 한다는 주장도 있으나 그때는 이미 늦을 수도 있다.

둘째, 디지털 트랜스포메이션에 대한 투자의 위험은 사전에 감지해 대응하는 것이 어렵기 때문에 시행착오가 불가피하다. 시행착오를 줄이려면 끊임없는 실험과 모니터링을 통해 부합하는 방향을 찾아가야 한다. '과잉 투자'의 관점에서 실패했다고 단순화하는 것은 디지털 트랜스포메이션의 복잡성과 불확실성을 인정하지 않는 것이라고 할 수 있다.

3. GE가 꿈꾸는 디지털 트랜스포메이션의 미래

GE의 디지털 트랜스포메이션은 탐색 단계, 선언 단계, 실행 가속화 단계, 스케일업 단계로 나눌 수 있다. GE는 2011년 산업 인터넷 이니셔티브를 선언하면서 탐색 단계를 넘어 선언 단계로 들어섰다. 그 이후로 10여 년이 지나 GE는 현재 실행 가속화 단계, 스케일업 단계에 이르는 여정을 추진하고 있다고 볼 수 있다. .

GE는 이러한 여정 가운데 '어떻게 하면 미행동 위험(ROI, Risk of Inaction)과 투자수익률(ROI, Return on Investment)의 불확실성 문제를 극복할 것인가?'의 문제와 씨름해왔다. '디지털 트랜스포메이션의 추진을 통해 지속적으로 성장하려면 어떻게 해야 하는가?' 하는 문제도 결코 간과할 수 없는 문제다. 현재 GE의 상황으로 보았을 때 디지털 트랜스포메이션을 통한 지속적 성장은 쉽지는 않아 보일 수도 있다. 이러한 변화가 성장으로 이어지기 위해서는 물론 여러 가지 변수가 작용해야 할 것이다. 그러나 항공기 엔진, 발전기 등의 사업은 천문학적인 개발 자금을 투입한 후 10여 년이 넘는 오랜 기간 동안에 수익을 거두어들이는 산업의 성격을 가지고 있기에 성장 효과는 장기적으로 나타날 것으로 전망된다.

지금까지 GE는 GE 에비에이션을 통해 나름대로 고객사(항공기 제작 회사)와 고객사의 고객사(항공사)에 '……하기'를 제공하는 비즈니스 모델을 성공적으로 구현해 왔다. 이는 GE라는 제조 기업이 고객사를 대상으로 디지털 비즈니스 모델을 구현했다는 데 큰 의미가 있다. 다른 제조 기업들도 이러한 모델 구현에 도전하고 있지만 많은 어려움에 직면해 있다. GE와 유사한 모델을 시도하고 있지만 고객사에 적용하는 것은 엄두를 못 내고 있는 것이 현실이다.

GE나 다른 제조 기업들의 디지털 트랜스포메이션이 성공적으로 이루어지기 위해서는 GE 에비에이션의 비즈니스 모델이 해운, 에너지, 농업, 스마트 시티 등 여러 종류의 제조업에서 성공적으로 실행되어야 한다. 그러면 다른 제조 기업들이 벤치마킹할 수 있는 좋은 선례를 만들어낼 수 있기 때문이다. 이를 통해 다른 기업들도 GE 에비에이션과 같이 고객사에 대한 '……하기' 제공이라는 비즈니스 모델을 탐색하고 실험하는 것이 확산될 것이다.

제조 기업이 영속적으로 성장하려면 고객이 원하는 제품과 서비스를 경쟁력 있는 조건으로 제공하기 위한 지속적인 혁신이 필요하다. 지속적인 혁신을 위해서는 기업 전체 차원에서 '고객'과 '기술'에 깨어 있는 기업이 되어야 한다. 패스트웍스와 GE Belief도 결국은 GE가 깨어 있는 조직이 되기 위해 추진한 것이다. 이를 위해 경영자는 '우리는 정말 고객이 원하는 것을 알고 있는가?', '우리가 생각하는 솔루션은 고객이 원하는 것인가?', '새로운 기술은 고객 지향적 솔루션을 제공하는 데 어떤 새로운 기회를 주는가?'를 끊임없이 묻고, 모든 직원들은 구체적인 방법을 찾아 실행을 해야 한다. 그와 함께 내부뿐 아니라 사외의 협력 대상까지 수평적 소통을 확대해 나가야 할 것이다.

02

GE의 디지털 트랜스포메이션에서 무엇을 배울 것인가?

제조 기업 경영자들은 4차 산업혁명이라는 거대한 변화의 파도를 접하면서 제조 기업의 확실한 성공 스토리를 찾고 있다. 이러한 시기에 제조 기업 GE가 공개적으로 추진 중인 디지털 트랜스포메이션에 대한 도전은 얼핏 성공 스토리로 보기에는 애매한 상태거나 실패한 스토리로 보일 수도 있다.

지금의 제조 기업이 직면한 도전은 육지를 여행하다가 바다를 만난 것과 같이 '가늠하기 어려운' 여정을 눈앞에 둔 백마와 같다. '날개 단' 백마가 되어야 바다를 건널 수 있는 상황이다. 디지털 트랜스포메이션을 가이드하는 산업인터넷컨소시엄은 디지털 트랜스포메이션을 애벌레에서 나비가 되는 과정으로 비유하고 있는데, 이러한 점에서 디지털 트랜스포메이션을 '날개'를 다는 것에 비유하는 것은 크게 무리가 없다고 하겠다.

지금 GE의 혁신을 우리는 막 날개를 펼쳐 바다를 건너기 위한 '위대한 날갯짓'으로 바라볼 필요가 있다. GE가 디지털 트랜스포메이션을 선언한 후 수많은 기업들이 그 여정을 시도하게 되었다는 점에서 GE는 선구자로서 타 기업이 모방할 사례를 제공하고 있다. 따라서 GE의 도전기를 단순히 성공과 실패로 단정하기보다는 '왜', '무엇을', '어떻게'의 시각으로 이해한다면 제조 강국을 추구하는 한국의 기업인들에게 많은 시사점과 학습의 기회를 제공할 것이다.

GE는 130여 년의 역사를 가진 전통적인 제조 기업이다. 산업의 역사와 함께해 온 GE가 4차 산업혁명을 기존의 생각과 방식으로는 대응이 불가능하다고 인식해 서비스형 인터넷 비즈니스 제조업으로 사업 모델을 전환하고, 디지털 트랜스포메이션에 도전토록 한 힘은 과연 무엇일까? 그 힘은 GE 내부에 있는 '혁신 DNA'가 아닐까?

'GE의 혁신 DNA'는 4차 산업혁명 시대의 대응을 다음과 같이 요약할 수 있다.

* 왜 – 4차 산업혁명 시대가 주는 위기와 기회 요소를 인식했기 때문이다.
* 무엇을 – 이러한 인식을 통해 제조업에 맞는 새로운 비즈니스 모

델을 착안했다.

* 어떻게 - 새로운 비즈니스 모델을 성공시키기 위해 새로운 조직 문화와 일하는 방법과 전략을 시도하고 있다.

우리는 시대 변화(고객, 기술 등)를 읽고 '깨어 있는 기업이 되려면 무엇을 해야 하는가?'라는 관점에서 'GE라는 애벌레'가 거쳐온 변화를 살펴볼 필요가 있다. 그렇다면 GE로부터 배워야 할 점은 무엇일까? 다음과 같은 것들을 들 수 있다.

1. 조직에 혁신 DNA를 심는다

① 리더만이 DNA에 혁신의 칩을 심을 수 있다.

② 고객 지향적 리더십을 가진다.

③ '시간의 축복'을 선택하자. 아니면 '시간의 보복'을 받는다.

④ 변화 감지에 대한 감도를 높인다.

⑤ 도전 의식을 깨운다.

⑥ 고객에게 깨어 있는 디지털 마인드와 조직문화를 만든다.

2. 시대를 선도할 비즈니스 모델을 찾는다

① 잘 하는 것에서 새로운 기회를 찾는다.

② 전문가를 변혁 가능한 규모로 확충한다.

③ 미래를 선도할 비전을 가진다.

④ 시대를 선도할 비즈니스 모델을 만든다.

3. 시대와 사업의 특성에 맞게 실행한다

① 일하는 방식과 기존의 경영 시스템을 바꾼다.

② 조직의 시야를 생태계로 넓힌다.

기업 내에서 리더와 CEO의 영향력은 절대적이다. 더욱 빨라지고 불확실성이 커진 4차 산업혁명 시대를 맞아 그들의 존재감은 더욱 커지고 있다. 그들이 조직문화를 만들고, 조직의 운영 방향을 정하며, 주요 의사결정의 절대 권한을 가지고 있기 때문이다. 그렇기 때문에 기술과 고객에 깨어 있는 마인드와 조직문화를 창출하려면 무엇보다 리더와 CEO가 몸소 실천으로 보여 주어야 조직이 움직이게 된다. 그 구체적인 방법으로는 다음과 같은 것들이 있다.

1. 조직에 혁신 DNA를 심는다

① 리더만이 DNA에 혁신의 칩을 심을 수 있다

GE는 지금까지 130여 년 동안 혁신기업의 모습을 보여주었고, 디지털 트랜스포메이션을 추진하는 데서도 마찬가지였다. 이러한 표현에 대해 거부감을 갖는 독자들도 물론 있을 것이다. 현재 GE의 모습은 결코 화려하지 못하고, 오히려 '실망스런 성과'를 보여주고 있기 때문이다.

여기서 독자들에게 묻고 싶다. 현재의 '실망스런 결과'가 혁신을 회피하고 변화를 두려워하는 가운데 나타났다고 한다면 일부 독자들의 그러한 견해에 합류할 의사가 있다. 그러나 GE는 혁신에 대해 도전하고 변화를 시도하는 가운데 '실망스런 결과'에 직면한 기업이다.

그렇다면 혁신기업은 늘 성공할까? 혁신 때문에 실패하는 기업이 지금까지 얼마나 많았는가? 혁신기업은 스스로 성공함으로써 그들의 위대함을 보일 수도 있다. 하지만 성공하지 못하더라도 혁신하는 모습 그 자체는 다른 기업에게 좋은 귀감이 된다.

2011년부터 GE는 혁신경영을 전략의 중심축으로 해서 기업의 성장을 추진하는 한편, 세계적인 거대 기업으로서 분야 지식과 프랙티스를 종합적으로 적용하는 모습을 보여주고 있다. GE의 혁신경영 DNA

가 4차 산업혁명기에 새롭게 발휘되고 있는 모습이다. 현재 GE의 모습이 화려하지 않다고 해서 그들의 혁신적인 DNA 모습까지 폄하해 버리는 것은 매우 안타까운 일이라고 할 수 있다.

기업의 변신을 위해서는 무엇보다 먼저 조직과 임직원의 잠재력을 깨워야 한다. 아이디어를 내도록 하는 것이 혁신의 칩을 심는 시작이며, 구체적 방안도 여기서 나온다. 디지털 및 스마트 시대에 혁신을 주도하려면 CEO가 자사의 현 수준을 인식하고, 올바로 작동하는지 지속적으로 점검·수정해야 한다. 그런 부분에서 GE는 CEO가 어떤 역할을 해야 하는지를 잘 보여주는 대표적인 사례라 할 수 있다.

CEO는 먼저 혁신적으로 일하는 모습을 보여주어 조직 내 임직원들에게 혁신적인 분위기를 조성해야 한다. 또한 임직원들의 능력 극대화와 아이디어 개발에도 노력을 기울여야 한다. 그러기 위해서는 사내 임직원들의 아이디어에 적극적으로 반응해야 한다.

최근 GE는 새로운 사업 아이디어를 얻어내기 위해 기존의 한계를 넘어선 열린 접근으로 조직 내부와 외부에서 아이디어를 수집하고 있다. 이렇게 얻어진 아이디어와 지식을 한데 모아 집중시키는 것도 CEO가 해야 할 중요한 일 중 하나다. 과거 잭 웰치는 '말하는 CEO'를 넘어 '듣는 CEO'의 모습을 보여주었다. 이멜트의 경우도 마찬가지였다. 그들은 이렇게 얻어낸 아이디어를 구체화해 실행에 옮겼다.

그렇다면 어떻게 해야 우리도 이런 아이디어를 얻어내고 구체화하여 실행에 옮길 수 있을까?

첫째, 임직원들의 아이디어를 개방적인 태도로 받아들여야 한다. 아이디어가 어떤 곳, 어떤 사람에게 나오든 상관없다. 여기서 중요한 것은 아이디어를 가져온 사람에게는 반드시 적절한 보상을 해야 한다는 것이다. 그래야 아이디어를 지속적으로 내지 않겠는가. 그리고 아래로부터 위로 새로운 아이디어가 전달되도록 시스템을 점검해야 한다. 즉, 좋은 아이디어를 제시해도 위로 전달되지 않거나 불이익이 발생한다면 문제점을 찾아 개선해야 한다.

둘째, 좋은 아이디어는 구체화시켜야 한다. 제안자 또는 조직 내 관련 부서 등 많은 자원들을 활용해 아이디어를 구체화시킬 수 있도록 해야 한다. 그러기 위해서는 회사 내 조직이나 위원회를 구성하여 체계를 구축해야 한다. 이러한 체계가 갖춰질 때 임직원들이 실행에 적극적으로 참여하고 훈련하여 성장해갈 수 있다.

셋째, 성공 사례를 기업에 적용하고, 거기서 얻어낸 성과를 모든 임직원들에게 전파해야 한다. 구체화시킨 아이디어를 실제로 적용해보고 거기서 좋은 결과가 나왔다면 이를 전파해 널리 활용하는 것이다. 회사의 비전은 전 조직원이 공감할 때 공동의 것이 된다.

CEO 중 본인이 한마디만 하면 척척 이루어질 것이라고 생각하는 사람은 없을 것이다. 따라서 비전과 전략과 슬로건을 만들고, 이를 지속적으로 임직원들에게 전달해 미래를 준비하도록 만들어야 한다. 임직원들은 자신의 업적 평가와 승진 등은 물론 리스크나 문제 발생 가능성이 없도록 업무를 처리하는 데 관심이 많다. 그들에게 아무리 강조해도 실행에 옮기기란 쉽지 않다. 그래서 잭 월치는 커뮤니케이션에 상당한 집착을 보였다. 다음의 그의 말이 그것을 대변한다.

"나의 커뮤니케이션 방법은 종종 과도한 면이 있었고, 어쩌면 강박적으로까지 비쳤을지도 모른다. 나는 그것이 한 기업의 CEO가 선택할 수 있는 방법인지는 알지 못한다. 하지만 내게는 그것이 확실히 효과가 있었다."

더 나아가 잭 웰치에게서 바통을 이어받은 이멜트는 혁신을 위한 소통의 틀과 방법론을 만들어 시스템을 구축했다. '벽 없는' 소통과 협력을 가능하게 한 패스트웍스와 GE 스토어가 대표적이다. 한국 기업에 심어야 할 행동 지침으로 적합한 격언은 "일단 움직이는 사람은 뭐든 얻어내고 스스로 움직이는 사람은 세상을 바꾼다"는 말이다.

② 고객 지향적 리더십을 가진다

GE는 고객 지향적 리더십이 서비스 주도, 인터넷 비즈니스 주도의 동력을 가져왔다고 해도 과언이 아니다. 이를 단지 고객 만족과 동일시해서는 안 된다. GE에게 고객이란 공감하고 성공적인 결과가 나오도록 하는 대상을 뜻한다. 마케팅의 대상을 넘어 직접 소통하고 그들의 문제를 해결해주어야 할 대상이라고 할 수 있다.

여기서 고객 지향적 리더십이란 조직 전체가 고객 지향적 솔루션을 제공하는 프로세스와 조직과 문화를 갖췄는지 파악하고, 모두가 움직이는 체제를 갖춰 나가는 것을 의미한다. 이를 통해 GE는 기존의 A/S(After Sales) 서비스를 넘어선 수준의 유지·보수 서비스를 사업의 중심으로 만들어냈을 뿐만 아니라 고객사(항공사와 발전소 등)에 대한 운영 서비스를 만들어 내게 되었다. 이러한 사업은 모두 고객사의 성공을 지향한다. 대표적인 사례로 GE는 항공운송 서비스 기업들에게 엔진의 정비 주기만 산정해주던 것을 넘어, 예지 정보와 항로 루트에 대한 정보까지 제공함으로써 유류비(일반적으로는 총비용의 20% 이상) 절감에 크게 기여해 자신들의 서비스 사업을 더욱 강화시켰다.

③ '시간의 축복'을 선택하자. 아니면 '시간의 보복'을 받는다

잭 웰치는 말했다.

"먼저 변화하라. 그렇지 않으면 변화하는 기업이 우리를 지배할 것이다."

지금 시대에 그야말로 적절할 표현이 아닐 수 없다. 또한 GE의 혁

신 DNA를 배우는 과정에서 가장 깊이 새겨야 할 말이기도 하다. 우리는 시대의 변화 이전에 변화해야 한다. 《디지털 트랜스포메이션 플레이북》의 저자 데이비드 로저스는 과거와 같이 다른 회사가 제공하는 가치를 제공하되 차별화하는 상품을 제공하는 것은 더 이상 충분치 않다면서, 새로운 커브보다 앞서 새로운 가치를 찾아내고 새로운 비즈니스 모델을 찾아야 한다고 주장했다.

그러나 이미 늦었다고 생각하지 마라. 그럴 때가 가장 빠르다. 변화하는 기업이 세상을 지배한다는 것은 과거에 잭 웰치가 무척 많이 강조한 부분이다. 그 후 제프리 이멜트는 산업 인터넷 비즈니스가 향후 30여 년간 경제를 견인할 것으로 보고 경쟁사보다 먼저 변화를 시도했다. 현재 GE의 성과가 밝지 않다고 해서 먼저 변화를 시도한 것이 잘못되었다고 결론을 내릴 이유는 없다.

지금 잘 되고 있는 기업이 가장 위기라는 말이 있다. 지금 어려운데도 불구하고 막연히 잘될 것이라고 생각하는 것은 더 위기라고 할 수 있다. 막연한 기대보다는 우리 나름의 방안을 찾아서 시도해야 한다. 우리 나름의 방안이 시간의 축복을 선택하는 길이기 때문이다.

위기에 대응하는 패턴에는 다음의 3가지가 있다. 당신 기업은 어디에 속하는가?

- 위기가 오기 전에 위기가 왔다고 가정하고 대응하는 집단
- 위기가 왔을 때 위기로 인식하고 대응하는 집단
- 위기가 왔음에도 위기가 아니라고 고집하는 집단

이 중에서 어느 집단의 발전 가능성이 가장 높다고 생각하는가? 당연히 첫 번째다. 특히 예상보다 더 많은 매출과 이익을 내고 있다면 더욱 큰 위기의식이 필요하다. 잘 하고 있다고 판단해 새로운 기술 및 시장에 빠르게 대응하지 못할 뿐만 아니라 앞으로도 잘될 거라는 자만에 빠질 수 있기 때문이다. 이로 인해 경쟁 기업에 우위를 잃을 가능성이 높다.

지금 구글과 GE 중 벤치마킹 대상을 찾으라고 한다면 대부분은 구글을 선택할 것이다. 우리는 현재 잘 되고 있는 것만을 바라보고 거기에만 의미를 부여한다. 이것은 미래를 보는 것이 아니며, 벤치마킹하는 자세도 아니다. 현재 일어나고 있는 불연속적 변화를 보지 못하기 때문이다.

시간이 주는 축복과 보복은 시간을 어떻게 사용하느냐에 달려 있다. 미래를 읽고 대비하면 시간은 축복으로 다가오지만, 현실에 안주하거나 불확실하다고 방관한다면 시간은 가혹하게 보복을 가할 것이다.

축복의 시간을 선택하고 싶겠지만 결정은 쉽지 않다. 왜냐하면 4차

산업혁명 시대에는 불확실한 것이 많아 투자 또한 쉽지 않기 때문이다. 막상 착수하려고 하면 해결할 것들도 많고, 어려운 것이 현안으로 다가온다. 사업과 관련된 미래상을 정확히 정의하기 어려운데다 새로운 비즈니스가 어떤 것을 말하는지, 시작을 어디서 어떻게 해야 하는지를 판단하기 어렵기 때문이다.

변화와 혁신에는 항상 리스크가 따른다. 하지만 이대로 그냥 있다면 미래는 없다. 스마트하게 일하는 방식을 터득하고 추진한다면 리스크를 대폭 줄이는 것이 가능하다. 스스로 아이디어를 내고 고객과 함께 실험과 검증을 차근차근 진행해나간다면 방법은 생기게 마련이다.

④ 변화 감지에 대한 감도를 높인다

4차 산업혁명이 가시화된 시점에서 첨단기술의 발달이 가속화하고 있다. 이런 상황에서는 세상의 변화를 단편적으로 보지 말고 다양한 측면에서 바라볼 필요가 있다. 무엇보다 핵심기술에 대한 이해도를 높여야 한다. 그리고 미래와 고객가치의 변화에 따라 비즈니스 모델이 어떻게 바뀌고 있는지를 파악하고, 이것을 어떻게 혁신해야 할지 판단해야 한다.

자본주의 역사가 긴 서구에서도 100년 넘게 생존한 기업은 그리 많지 않다. 2017년 미국 경제전문지 〈포춘(Fortune)〉이 선정한 500대 기업 가운데 60년 동안 생존한 초일류 기업은 약 10%에 불과했다. 아메리칸 모터스, 브라운 슈, 콜린스 라디오, 디트로이트 스틸 등은 1955년에는 500대 기업에 속했으나 지금은 사라졌다. 반면에 보잉, GM, IBM, P&G, 월풀, 코카콜라, 3M, 다우 케미컬, 엑손 모빌, US스틸, 듀폰, GE 등은 지금도 건재하다. 그 기업들이 오랜 기간 초일류 기업으로 생존할 수 있었던 것은 '창조적 파괴'를 통한 끊임없는 혁신 때문이었다.

앞으로의 변화는 가속도에 가속도를 더할 것이다. 기술이 모든 산업과 구조 변화에 영향을 미쳐 기존 비즈니스의 진입 장벽을 낮추고, 경쟁력을 무너뜨려 기업 종사자들을 당황스럽게 할 것이다. 지금 우리 회사는 어떤가? 건재한가? 내일도 건재하리라 생각하는가? 미래의 환경 변화를 제대로 읽지 못하고 대비하는 데 소홀하다면, 우리가 정신을 차렸을 때는 이미 퇴출되었거나 시한부 생명이 될 수밖에 없을 것이다.

GE는 현재 여러 사업부의 경영 현안 등으로 어려움에 직면해 있다. 그러나 4차 산업혁명 시대의 빠른 변화와 불확실성을 인식하고, 새로운 제조업의 틀을 구축하기 위해 선도적인 노력을 기울이고 있다. 우리는 GE의 외형적인 모습만 단편적으로 보아서는 안 된다. 배울 점이 있다면 반면교사로 삼아야 한다. 미래의 변화와 고객에게 깨어 있는 기업이 되기 위한 GE의 몸부림을 배워야 한다.

GE는 시대 변화를 읽고 선제적으로 회사를 변화시키려는 노력을 해왔다. 이를 실행하는 데 있어 가장 큰 도전은 내부의 임직원들이었다. GE는 변화를 제대로 느끼지 못하는 내부의 문제를 심각하게 여기고 벤처기업처럼 빠른 조직으로 만드는 데 주력했다.

GE처럼 우리도 미래 변화, 기술혁명, 고객가치 변화에 깨어 있는 기업이 되려면 위기의식을 가져야 한다. 지난 200여 년간 미국, 영국, 독일, 일본의 선도적인 기업들은 '겸손하지 못한' 대응 때문에 역사의 뒤안길로 사라졌다. '겸손하지 못한' 기업은 위기의식이 없는 탓에 고객이 원하는 것을 인식할 수 없다.

그렇다면 어떻게 해야 '겸손한' 기업이 될 수 있을까?

먼저 고객가치의 변화를 읽어야 한다. 고객이 소중하게 생각하는 것이 무엇이고, 어디에 가치를 두는지, 또한 그들의 요구는 무엇이고, 어떻게 바뀌는지 쉬지 않고 탐색해야 한다. 그러기 위해서는 핵심기술을 제대로 이해하고, 활용 가능성을 찾아야 한다. 우선 3대 핵심기술(산업용 사물인터넷, 적층제조, 데이터 분석)에 주목하고, 나머지 기술의 경우에는 보완적인 차원에서 접근할 필요가 있다. 아울러 기술이 미칠 파급력에 대한 감각도 키워야 한다.

둘째, 디지털화와 데이터화에 대한 촉(감각)을 세워야 한다. 디지털화와 데이터화는 고객 접점을 명확하게 확인하고, 고객에게 다가가기 위해 반드시 필요한 것이다. 또한 솔루션을 만들고, 사업화의 기회를 찾아내는 데에도 매우 유용하다. 고객이 필요로 하는 솔루션을 제공하기 위해서는 이러한 기술을 이해하고 활용하는 것은 이제 필수다.

셋째, 글로벌 기업의 비즈니스 모델 변화를 살펴야 한다. 국내 기업들은 스마트 팩토리에서 자율운전 공장만을 바라보고 있는 것이 아닌지 우려되는 점이 있다. 그러한 관점은 협소한 시각이라 할 수 있다. 대부분의 기업들은 스마트 팩토리의 추진을 3차 산업혁명의 고도화에 해당하는 자동화, 즉 인건비 축소가 가능한 영역을 중심으로 추진하고 있다. 이는 4차 산업혁명 분야 중 일부 영역에 불과하다. 관점을 확장하여 고객과 공장을 연결하고, 수직적·수평적인 협력 생태계를 만드는 데 더 관심을 두어야 하며, 적층제조 기술 활용 등 근원적인 혁신에 눈을 돌려야 한다.

⑤ 도전 의식을 깨운다

도전 정신은 어디에서 나올까? 꿈에서 나온다. 꿈은 어디에서 올까? 미래의 변화를 보고, 준비하는 데서 나온다.

비즈니스의 성공은 미래를 예측하고 이에 맞는 비전과 전략을 수립할 때 가능하다. 즉, 전략적인 접근을 할 때 가능한 것이다. 다음은 잭 웰치가 얼마나 전략적 사고를 하고 있는지 물을 때 사용한 질문들이다. 스스로에게 물어보기 바란다.

- 당신과 경쟁자들이 진출한 사업이 전 세계에서 차지하고 있는 세부적인 지위(시장 점유율에서, 제품 라인의 강점에서 혹은 지역적 강세에서)는 어떠한가?
- 과거 2년 동안 경쟁자들이 취했던 행동 가운데 판도에 변화를 가져온 것은 어떤 것들인가?
- 당신은 경쟁의 판도를 바꾸기 위해 지난 2년 동안 어떤 일을 했는가?
- 다음 2년 동안 경쟁의 판도를 바꾸어 놓을지도 모를 경쟁자들에게서 느끼는 가장 큰 두려움은 무엇인가?
- 다음 2년 동안 경쟁자들의 움직임을 앞지르기 위해 당신은 무엇을 할 것인가?

'스트레치'란 말이 있다. 스스로 가능하다고 생각하는 그 이상의 것을 추구하는 것을 뜻한다. 스트레치 목표를 잡으면 이것은 구성원들의 뇌에 기억시켜 늘 생각하도록 만들 수가 있다. 구글은 "상상할 수 없는 것을 상상하라"는 스트레치 목표를 가지고 있다. 이 목표가 구글 임직원들의 해마(인간의 뇌에서 기억의 저장과 상기에 중요한 역할을 하는 기관으로서 고도의 사색, 판단 및 창조적 정신 기능의 대뇌피질과 연결)를 늘 작동시켜 매우 높은 목표를 향해 가는 조직문화를 자연스럽게 만드는 원동력이 되고 있다.

하지만 스트레치가 기존 목표를 몇 퍼센트 높이는 것으로 정해질 경우에는 점진주의의 오류에 빠질 수 있다. 이것은 스트레치가 아니다. 불연속적 환경 변화가 일어나고 있다고 판단될 때는 스트레치 목표의 전제조건이 무엇인지 검토하고, 그 전제조건에 영향을 미치는 환경 변화가 일어나고 있다고 판단될 때는 실험과 검토를 통해 목표를 정하는 방식을 취해야 한다.

⑥ 고객에게 깨어 있는 디지털 마인드와 조직문화를 만든다

기업에게 조직문화는 매우 중요하다. 조직문화에 따라서 혁신적인 기업이 되거나 보수적인 기업이 되기 때문이다. 최고 경영진이 혁신의 방향키라면, 조직문화는 혁신적 변화의 원동력이라고 할 수 있다. 이 책에서 말하는 '깨어 있는 조직문화'란 '고객에게, 디지털 기술에, 미래에, 깨어 있는 조직문화'라 할 수 있다. 이 중에서도 가장 중요한 것을 꼽으라면 고객에게 깨어 있는 문화라고 할 수 있다.

그렇다면 고객에게 깨어 있는 조직문화는 어떻게 가능할까? 무엇보

다 문화를 바꾸고, 고객 지향적인 제품과 서비스를 제공하며, 혁신적인 분위기를 조성하는 CEO의 리더십이 중요하다. 이를 위해서는 패스트웍스와 같은 새로운 도구를 기업 내부에 확산하여 새로운 프로세스를 정착시키는 것도 필요하다.

디지털 기술의 활용도 고객 지향적 문화를 구축하는 데 중요하다. 고객과의 소통 장애라는 벽을 넘는 데는 인터넷, 정보통신, 휴대폰 등 디지털 기술의 적용과 데이터의 활용이 핵심이다. 새로운 기술을 내부에 적용하는 것은 물론, 고객에게 쉽게 공개하고, 공유하고, 협력할 수 있는 길이 열리기 때문이다. 이는 '데이터 마인드'를 갖추고, 회사 내부에서 데이터를 수집·축적·활용할 때 가능하다.

디지털 기술과 고객은 빠르게 변화한다. 이에 대비하기 위해서는 디지털 기술을 활용하고, 가까운 미래에 고객이 얼마나 빨리 어떻게 바뀔 것인지 탐색하지 않으면 안 된다. 결국 고객에게 깨어 있는 문화, 디지털 기술에 깨어 있는 문화, 미래에 깨어 있는 문화는 경계가 따로 없다고 할 수 있다.

GE Belief와 같이 스스로 행동 방식을 바꾸는 가이드라인을 제공해 보텀업 형식으로 행동 변화가 일어나도록 하는 접근법도 활용할 필요가 있다. 패스트웍스와 같은 도구의 보급 및 확산, GE Belief의 보급 및 정착, 디지털 기술의 적용이 기존 조직이나 경영 시스템과 충돌을

야기할 수도 있다. 최고 경영진은 이를 인지하고, 해결할 수 있도록 조직, 인센티브 시스템, 펀딩 시스템 등도 바꿔 나가야 한다.

2. 시대를 선도할 비즈니스 모델을 찾는다

① 잘 하는 것에서 새로운 기회를 찾는다

향후 제조업은 어떤 모습으로 발전해 가는 것이 바람직할까? 우리는 GE의 사업 강화와 확대 방식에서 이를 배울 필요가 있다. 즉, 강점 분야에 주력하는 GE의 사업 추진 공식과 GE 어디티브 및 디지털 분야의 사업에 진출하는 방식을 참고하여 생각해볼 필요가 있다.

기업 생태계는 점점 전문화, 분산 완결형(개개의 장비가 독자적으로 자동화 및 지능화), 비전문 분야의 아웃소싱(전문 기업의 담당 영역으로 운영까지 전담)으로 진화하고 있다. 그렇게 보았을 때 전문 분야를 심화시키는 것은 경쟁우위를 구축하는 데 있어 매우 중요하다.

GE의 사례에서 배울 점은 회사의 강점을 살려서 사업을 확대하는 방식이다. GE는 잘 하는 사업 분야는 더욱 강화하고, 수직적·수평적인 생태계를 활용하여 새로운 비즈니스를 만들어낸다. 이제 우리 기업들도 자사의 강점과 관련된 분야에서 새로운 사업 기회를 모색할 필요가 있다.

잭 웰치는 이렇게 말했다.

"구내식당을 직접 운영하지 마라. 음식만 전문으로 만드는 회사에 맡겨라. 사내에 프린트 전문점이 상주하여 운영하게 하라. 그것은 프린트만 전문으로 하는 회사에서 직접 운영하게 하라. 당신의 회사가 진정으로 가치를 창출하고 성과를 올릴 수 있는 분야가 어떤 것인지를 알아야 한다. 그리고 거기에 당신 회사가 가진 최고의 인재들과 자원들을 투입해야 한다. 뒷방에서는, 즉 자신이 강점을 갖고 있지 않은 분야에서는 절대로 최고의 성과를 이끌어 낼 수 없다."

디지털 시대에는 강점 분야에 집중하여 수직적·수평적으로 사업을 차별화하지 않으면 생존이 어려울 수 있다. 물류와 제조 공정이 점차 전문화 및 인터넷 비즈니스화되면서 어떤 분야에서 경쟁우위를 선점하면 지속적으로 강점을 확보할 가능성이 높다. 우리는 인터넷 비즈니스를 이끌어가고 있는 구글과 넷플릭스 등의 사례에서 이미 그것을 확인하지 않았던가. 정보통신 분야 전문가들은 이것이 네트워크의 외부효과에 기인한다고 말한다. 따라서 잘할 수 있는 분야의 강점을 확보하는 것이 더욱 중요해지고 있다.

제조업의 경우에 생태계를 확대하는 사업 분야로 진출하면 새로운 비즈니스를 하기가 비교적 쉽다. 또한 제조 분야 지식이 있는 영역이기 때문에 성공 가능성도 높다. GE가 프리딕스를 중심으로 새로운 디지털 비즈니스 모델을 만들고, 3D 프린팅을 이용한 적층제조 사업을 추진한 것은 자신들의 경쟁우위를 토대로 디지털 기술을 활용한 시장을 확보하고자 한 시도였다.

제조업의 디지털 트랜스포메이션은 서비스업에 비해 현장의 하드웨어에서 축적된 지식을 바탕으로 점진적으로 이루어지는 특징이 있다. 따라서 기존에 잘 하는 것에서 출발하는 것이 중요하다. 시장 환경을 확실히 파악하지 못한 분야에서 새로운 기회를 찾는다는 것은 상대적으로 성공 가능성이 낮고, 어렵기 때문이다.

이제는 과거 제조업의 QCD(Quality, Cost, Delivery)를 강화하는 방식만으로는 수익을 극대화하거나 기업의 지속 가능성을 확보하기가 어려워지고 있다. 따라서 제조업의 전통적인 패러다임에서 벗어나 소프트웨어 중심적인 사고로 전환하고, 그에 맞는 조직 환경을 조성하며, 그에 적합한 인재를 확충해야 한다. 디지털 기업들의 하드웨어를 만들어주는 데 만족한다면 새로운 환경에서 시장을 선도하는 기업으로 발돋움할 수가 없다. 잘 하는 분야에서 디지털 기술과 결합시키는 것을 시도해야 하고, 이를 통해서 새로운 비즈니스 모델을 창출해야 한다.

② 전문가를 변혁 가능한 규모로 확충한다

글로벌 리더군에 속한 기업들의 가장 중요한 공통점으로는 사람을 소중하게 생각하는 것을 들 수 있다. 이것은 기업이 성공하는 데 있어 매우 중요한 요소다. 선도적 기업으로 자주 거론되는 구글은 재능을 가진 직원의 채용을 가장 중요하게 받아들이는 철학을 가지고 있다. 또한 구글은 문화, 전략, 의사결정, 소통, 혁신 등에서 상상할 수 없는 것을 상상하도록 일하는 환경을 조성하고 있다.

GE도 구글과 크게 다르지 않다. GE는 사람이 중요한 것을 넘어 과거의 방식과 생각을 깨뜨릴 조직문화를 구축하는 것은 물론, 디지털 리더십을 가진 전문가를 대대적으로 수혈하여 새로운 시대를 준비하고 있다.

선진 기업들은 벤치마킹을 소중하게 생각하고, 내외부 전문가를 활용하여 이를 자사에 맞게 체계화한 기업이라 할 수 있다. 4차 산업혁명 시대를 살아가는 지금, 우리 기업에게는 무엇보다도 스마트 전문가가 필요하다. 디지털 기술을 활용해 고객 중심의 제품과 서비스를 제공하는 데 있어 그들이 절대적으로 필요하기 때문이다.

GE에서 이를 상징적으로 보여주는 것이 2011년 산업 인터넷 이니셔티브를 출범했을 때다. 당시 GE는 회사의 디지털화를 총괄하는 CDO를 외부에서 영입하고, 소프트웨어 인력을 대거 충원했다. 이처럼 GE는 전문적 지식이 축적된 제조 기술 부분에서는 내부 전문가의 의견을 존중하면서도 시대를 앞서가는 혁신의지를 가지도록 하는 한편, 지식이 부족한 기술에 대해서는 경험 있는 외부 전문가를 영입해 활용하였다.

하지만 전문가를 확보하기 위해서는 많은 경험의 기회를 제공하고, 역량을 키우기 위한 투자를 해야 한다. 여기서 말하는 스마트 전문가란 두 가지 유형의 전문가를 의미한다.

첫 번째 유형은 IT 전문가다. 변화를 주도하는 핵심 IT 기술, 즉 IoT, 적층제조, 데이터 분석 분야와 기타 보완 기술이라고 할 수 있는 로봇(Robot)/코봇(Cobot), 클라우드(Cloud)/엣지컴퓨팅(Edge-Computing), AR/VR/MR, 사이버 물리시스템(CPS)/디지털 트윈, 블록체인(Block-Chain)/사이버 보안(Cyber-Security) 등에 대한 전문 지식을 가진 전문가를 들 수 있다. 예를 들면 생산공정 문제를 해결하기 위해 생산공정 전문가와 협력하여 대안을 만들어내는 AI 전문가를 말한다.

두 번째 유형은 현장 분야에 대한 전문 지식을 가지고 있되 첫 번째 유형에서 IT 기술을 이해하고 적용하는 운영 분야 전문가, 즉 OT 전문가를 의미한다. 즉, AI와 같은 IT 기술을 이해하고 적용하는 생산공정 전문가, 사물인터넷 기술을 이해하고 고객에게 판매한 상품으로부터 데이터 추출 및 분석을 기획하는 제품개발 전문가를 예를 들 수 있다.

　외부로부터의 인력 확보는 새로운 분야는 물론, 변화에 대해 현체제를 유지하려는 기존 임직원의 저항을 극복하기 위해서도 필요하다. 따라서 추진하려고 하는 디지털 트랜스포메이션이 가져올 변화 수준에 따라 이에 부합한 규모로 채용하는 것이 필요하다. 그렇게 보았을 때 GE에서 디지털 인력이 대거 충원되었다는 것은 추진하려는 디지털 트랜스포메이션이 가져올 변화의 수준이 크고 깊었음을 의미한다.

　하지만 변혁 가능한 규모로 전문가를 확충하는 것이 외부 인력 충원만으로 충분히 이루어지는 것은 아니다. 특히 두번째 유형에 해당하는 IT 기술을 이해하고 현장에 적용하는 운영 분야 전문가는, 내부 인력의 학습활동을 통해서도 확보가 가능하다. 따라서 GE가 내부 임직원들에게 디지털 기술 교육을 대대적으로 실시한 것은 필요한 전문가 인력을 확보하려는 데 의미가 있다고 하겠다.

③ 미래를 선도할 비전을 가진다

　'시장이 성장하지 못하는 것이 아니라 우리의 생각이 더 이상 성장하지 못할 뿐이다'라는 GE의 시각은 매우 도전적이고 신선하다. GE는 거의 신앙에 가까운 열정으로 1등 전략을 추구했고, 1등이 아니면 매각하는 전략으로 그동안 시장에 접근했다. 이처럼 GE는 관점을 달리해서 사고방식을 바꾸고, 시대를 선도할 새로운 비전을 지속적으로 펼쳐 왔다.

최근 GE는 1등 전략에서 한걸음 더 나아가 새로운 생태계를 그리고, 시장의 영역과 범위를 다시 정의하고 있다. 이를 통해 이미 성숙된 시장을 새로운 성장 시장으로 탈바꿈시키고 있다. 이렇게 늘 시장을 새롭게 보는 눈을 가졌기에 GE는 그동안 동일한 사업 포트폴리오에서 수익을 크게 향상시키는 결과를 얻었던 것이다.

이런 점에서 대형 가스터빈, 발전기, 항공기 엔진, 오일 및 가스, 플랜트 등을 생산하는 하드웨어 중심 기업인 GE의 사례는 한국 제조업에 좋은 시사점을 제공한다. 물론 국내 제조업은 대개가 휴대폰, 자동차, 가전 등 대량생산형으로, GE의 다품종 소량생산형과는 다른 면이 존재한다. 하지만 GE의 산업 인터넷 비즈니스가 구글, 아마존 등 소비자 인터넷 비즈니스 기업의 '창조적 모방'을 통해 이루어졌음을 생각해 볼 필요가 있다. 이와 마찬가지로 국내의 대량생산형 제조업 또한 다양한 선도 기업 모델의 창조적 모방을 통해 나아갈 방향을 찾을 수 있을 것이다.

또한 GE 어디티브 사업 부문에서 3D 프린팅에 대한 전반적인 전략을 살펴볼 필요도 있다. 아울러 다가올 제조 변혁을 준비하면서 사업의 특성(적용 우선순위: 개별 주문형, 고가품, 낮은 고장, 제작성)에 맞는 제품부터 우선적으로 적용하여 시장을 개척하고 확대해 나가고 있는 GE의 전략에 주목할 필요가 있다.

그리고 새로운 비전을 만들기 위해서는 다양한 시도를 통해 가능성을 모색하고 찾아야 한다. 이를 위해 우리는 고객과 연동해 새로운 제품이나 서비스를 시험적으로 빠르게 개발해보는 '시도하기(Play)'를 일상화해야 한다. 이 과정에서 가능성이 있는 새로운 기술로 '시도하기'를 하는 것도 반드시 필요하다. GE의 경우에는 혁신적인 스피드를 구현하기 위해 실리콘밸리의 벤처기업에 퍼져 있던 린스타트업 기법을 적용한 패스트웍스를 개발하고, 기업 전체에 적용했다. 여기서 패스트웍스의 핵심은 '시도하기'를 통한 검증이었다.

영문 시사잡지인 〈이코노미스트〉는 2017년 11월호에서 보쉬가 완벽주의를 벗어던지는 변화를 꾀하고 있다고 언급했다. 거기에는 보쉬가 회사 내 포스터를 통해 직원들에게 넥타이를 풀고 'Error Culture(오류 문화)'와 'Just do it(그냥 하는 것)'을 받아들이도록 하는 내용을 담고 있었다. 하드웨어의 완벽성을 추구하는 선도적인 제조 기업에서 기존의 완벽주의를 깨는 접근은 이제 공통적으로 나타나고 있는 변화다. 이것이 바로 미실행 위험(Risk of Inaction)을 피하기 위한, 즉 실행하지 않아서 미래에 발생할 수 있는 엄청난 기회 박탈의 오류를 막아낼 수 있는 방법이기 때문이다. 따라서 이제는 '성공이냐 실패냐'라는 시각을 '우리의 가장 소중한 자산은 시도하는 경험이다'로 바꿀 필요가 있다.

④ 시대를 선도할 비즈니스 모델을 만든다

제조업 혹은 제조업과 유사한 산업에서는 점차, 물건, 기계, 컴퓨터, 사람 등이 디지털화된 모습(디지털 트윈)으로 사이버 공간에 구현되고 있다. 많은 전문가들은 사물인터넷을 통해 이것들이 연결됨에 따라 제조업이 인터넷화/서비스화된 신산업으로 전환될 것으로 전망하고 있다.

이러한 변화 가운데 많은 기업들은 고객에게 기존에 공급할 수 없었던 '새로운 가치'를 가진 제품과 서비스의 공급 가능성을 발견하게 될 것이다. 고객에게 제공할 수 있는 '새로운 가치'의 발견은 새로운 비즈니스 모델 출현의 출발점이라 할 수 있다. 제조업이나 제조업과 유사한 하드웨어 중심의 산업에서는 새로운 비즈니스 모델의 출현이 우여곡절을 거쳐 나타난다.

이와 같은 새로운 비즈니스 모델의 발견과 추진은 매일 조금씩 진척시키는 과정을 통해 이루어진다. 새로운 비즈니스 모델의 출발점은 고객 중심의 마인드와 일하는 방식(프로세스)으로, 고객이 '진짜 원하는 것'을 공급하는 데 있다. 따라서 새로운 비즈니스 모델을 '짧은 시간에 찾아내고 추진하는 방식'은 절대 금물이다.

비즈니스 모델은 고객이 '진짜 원하는 것'을 경쟁력 있는 솔루션으로 제공하는 가운데 서서히 그 모습을 드러낸다. 경쟁력 있는 솔루션을 창출하기 위해서는 우리 기업의 비즈니스 영역에 영향을 미칠 수 있는 새로운 디지털 기술(예: 사물인터넷, 3D 프린팅, AI 등)의 활용 가능성을 찾아 이를 지속적으로 실험해 나가야 한다. 또한 새로운 디지털 기술 활용에 있어 현재 스마트 팩토리 추진 기업에서 흔히 발견되는 '보다 많은 데이터', '보다 진척된 자동화', '보다 스마트화된 분석'을 활용하여 효율성을 높여 가면서 '새로운 비즈니스 모델'도 찾을 필요가 있다.

아울러 우리는 경쟁사가 자사의 경쟁력을 무력화하는 비즈니스 모델을 들고 나올 가능성에 대해서도 대비해야 한다. 애플이 아이팟의 인터넷 음악 서비스를 바탕으로 MP3 플레이어 시장에 등장한 것과 같은 상황에 대비하지 못한다면 치명적인 타격을 입을 수 있다. 고객 중심의 마인드와 새롭게 일하는 방식(프로세스)으로 고객이 '진짜 원하는 것'을 공급하면서도 비즈니스 영역에 영향을 미칠 수 있는 새로운 디지털 기술(예: 사물인터넷, 3D 프린팅, AI 등)의 활용 가능성을 지속적으로 실험할 때, 우리는 새로운 비즈니스 모델의 출현 가능성을 예측하고 준비할 수 있을 뿐만 아니라 새로운 기회를 포착할 수 있다.

3. 시대와 사업의 특성에 맞게 실행한다

① 일하는 방식과 기존의 경영 시스템을 바꾼다

GE의 일하는 방식을 바꾸기 위한 시도는 직원 행동 가이드라인인 GE Belief와 구체적으로 행동을 바꾸게 하는 패스트웍스라는 도구의 창출 및 확산으로 요약된다. 중요한 것은 이러한 도구 창출 및 확산이 특정 부서 차원의 실행에 머무는 것이 아니라 CEO의 적극적 관심 아래 그에 저해가 되는 조직 및 경영 시스템을 지속적으로 바꿔가면서 전사적으로 이루어지고 있다는 점이다. GE Belief와 패스트웍스가 유도하는 새로운 일하는 방식을 요약하자면 다음과 같다.

첫째, 시도형, 즉 시행착오 방법이라는 것이다. 이는 한마디로 제조업의 완벽주의를 깨고 '대충의 대안'을 빠르게 시도해보는 방식으로, 일하는 방식을 바꾸는 것을 뜻한다. 완벽한 품질의 대안을 만드는 데 시간을 보내기보다는 빠른 시일 내에 선보일 수 있는 '대충의 대안'을 빠르게 내·외부의 고객에게 보여주고, 그들의 반응을 바탕으로 계속 개선해가는 방식이라고 할 수 있다.

'대충의 대안'은 흔히 말하는 시안일 수도 있지만, '시안이 아닌 진짜 대안'을 내·외부의 고객에게 제시하고, 그들의 대응을 바탕으로 계속적으로 개량하여 발전시키는 방식도 포함된다. 이는 시행착오를 허용하면서 빠르게 실험을 하는 방식을 뜻한다. '대충의 대안'에는 '완벽하지 못한 품질' 문제가 존재한다. 이를 보완하는 방식이 바로 잦은 점검이다. 이에 대해서는 뒤에서 살펴볼 것이다.

이러한 시도형 방식은 완벽주의형 제조 기업의 일하는 방식과 충돌될 뿐만 아니라 조직 구조, 펀딩 시스템, 인사 평가 시스템과도 충돌된다. 따라서 패스트웍스와 같은 도구의 창출 및 확산은 특정 부서 책임의 관리 영역으로 두어서는 안 되며, 기업 전체의 경영 시스템을 바꿔 나가지 않으면 성공적으로 이루어지기가 어렵다.

둘째, 일하는 방식을 공개형으로 바꾸는 것이다. 이는 대안의 창출 및 실행을 기존의 부서 간 경계(사일로)를 넘어 더욱 넓은 범위로 오픈하고 협업하는 공개형으로 이동하는 것을 의미한다. 이는 곧 대안 창출 초기인 탐색 단계부터 기존에 함께 일해본 적이 없는 부서나 확실히 파악하지 못한 부서와 협력을 시도하는 것을 뜻한다. 아울러 회사 밖의 사람을 초청하여 오픈하고 협업을 시도하는 것까지도 여기에 포함된다.

이와 같은 공개형 접근은 불편하고, 기업 노하우 유출의 위험까지 존재한다. 일반적으로 제조 기업은 '완벽한 품질'과 '기업 노하우 보호'를 이유로 폐쇄적으로 일하는 방식을 선호한다. 그러나 지금처럼 IT와 OT로 통합된 대안을 마련해야 하는 상황에서 기존의 작업 방식으로는 '확실히 알지 못하고 감이 오지 않는 대안'을 도출하기 십상이다. 또한 현실에 맞지 않는 믿음이나 가설을 고집하는 오류를 범할 가능성도 높다. 하지만 이렇게 공개형으로 일하는 방식을 갖추고 나면 다음에 언급할 '조직의 시야를 생태계로 넓히는 것'이 가능해진다.

셋째, 일하는 방식을 잦은 점검형으로 바꾸는 것이다. 이는 내·외부의 고객이 무엇을 원하는지 점검해보는 것을 의미한다. 탐색 단계에서 내·외부의 고객이 무엇을 원하는지 공감하고자 직접 접촉해 확인해보고, '대충의 대안'이 빠르게 도출되면 이를 잦은 빈도로 보여주어 완성도를 높여가는 것이다. 이렇게 하면 일의 속도가 빨라질 뿐만 아니라 일이 실패로 끝나는 것을 줄일 수 있다. 잦은 점검은 진정한 의미의 '고객에게 깨어 있는' 기업이 일하는 방식이라 할 수 있다. 왜냐하면 탐색 단계부터 대안 창출 단계에 이르기까지 잦은 점검을 통해 고객에게 눈을 감지 않고 민감하게 반응함으로써 완벽한 대안을 도출하는 것이 가능해지기 때문이다.

잦은 점검은 '대충 만든 대안'의 완성도를 높이는 길이기도 하다. 따라서 '대충 만든 대안'에 대한 잦은 점검은 완벽한 결과물이 나올 때까지 반복해야 한다는 표현이라 할 수 있다. 그러나 잦은 점검으로 대안의 완성도를 높여가는 것은 조직의 일하는 방식, 조직 구조, 인력 평가 등의 측면과 충돌되는 면이 많다. 왜냐하면 현재의 완벽 제일주의 조직은 '완벽한 대안을 도출'하여 잦은 점검의 필요성을 없애는 것을 선호하기 때문이다. 하지만 잦은 점검을 허용하지 않으면 '대충 만든 대안'의 완성도를 높이는 길이 막혀 '고객에게 깨어 있는' 기업으로서의 일하는 방식을 구현하지 못하게 된다.

② 조직의 시야를 생태계로 넓힌다

디지털 시대는 협력과 협업의 시대다. 현재 많은 국내 기업들은 신제조(인터넷 매개, 서비스 주도 제조업)나 스마트 팩토리의 솔루션에 대한 전략을 자사 또는 그룹 차원에서 찾는 데 몰두해 있다. 좋은 솔루션이 나오면 그룹 차원에서 검증한 후 세계 시장으로 확대하겠다는 생각을 가지고 있는 것이다. 그러나 이러한 솔루션은 소프트웨어가 중요한 위치를 차지한다. 솔루션의 특성상 기업 그룹이나 국내 차원에서 검증한 후 세계 시장에 진출하려고 할 때는 이미 타이밍이 늦을 수도 있다.

지금까지 우리가 친숙하게 알고 있는 제품과 서비스는 가성비가 좋으면 시장을 확보하고, 국내에서 잘 팔리면 해외 시장에서 팔렸다. 그러나 신제조나 스마트 팩토리 솔루션은 가성비만으로 시장을 확보할 수 있는 것이 아니다. 사물인터넷과 연결되는 정도, 즉 다른 소프트웨어나 플랫폼과의 상호 운영성(호환성 포함)은 물론 글로벌 파트너와의 연계 정도가 글로벌 시장을 확보하는 데 매우 중요하다. 즉, 신제조업 시대에 좋은 솔루션은 관련 생태계의 소프트웨어, 데이터, 플랫폼과 연결되어야 활용이 가능하다. 고객은 솔루션을 선택할 때 다른 소프트웨어와의 호환성, 인프라, 플랫폼을 고려하여 선택하기 때문이다.

　국내 기업의 솔루션은 현재 대부분이 글로벌 리딩 기업과의 호환성, 플랫폼 등을 검증하지 않은 채 개발되고 있다. 이 때문에 지금 당장은 시장을 확보할 수 있을지 몰라도 수년 후에 경쟁사가 다른 글로벌 리딩 기업과 호환성, 플랫폼 등이 검증된 상태에서 시장에 나타나면 시장의 주도권을 내줄 수밖에 없다. GE가 2014년에 산업인터넷컨소시엄을 만드는 데 앞장서고 파트너와의 테스트 베드를 통해 상호 운영성, 시장 확보 가능성 등을 미리 점검하는 한편 산업 생태계를 조성하고자 한 것은 이러한 이유 때문이다.

　현재 국내 기업들은 미국, 중국, 독일, 일본 기업에 비해 이러한 움직임에 적극적이지 않은 상황이다. 미국의 GE는 물론이고 다른 미국 기업들, 그리고 독일, 일본, 중국 기업들은 현재 테스트 베드 사업을 통해 솔루션을 개발하고, 호환성, 인프라, 플랫폼에 협력이 필요한 파트너를 참여시키고 있다. 이렇게 개발한 솔루션을 파트너와 함께 국제회의와 전시회에서 발표하고, 온라인 매체를 통해 정보를 확산하고 있다. 동일한 품질과 가격의 솔루션을 동시에 개발했다고 가정한다면 과연 어떤 기업이 글로벌 시장 확보에 유리하겠는가?

우리나라는 현재 미국과 독일 등 선도국은 물론 중국에 비해서도 이러한 대응이 늦은 편이다. 미국 산업인터넷컨소시엄의 테스트 베드 사업에 중국은 5개, 일본은 6개 업체가 리더 기업으로 활동하는 반면, 국내 업체는 하나도 없다. 이제 국내 기업들도 솔루션을 개발할 때 글로벌 테스트 베드 사업에 참여하여 초기부터 '잠재적 파트너'를 확보할 필요가 있다. 그럴 때 더욱 완성도 높은 솔루션 개발이 가능하고, 완성 후에 시장 확보가 가능하다.

생태계를 고객 및 공급자와의 수직적 생태계, 플랫폼 업체 등과의 수평적 생태계로 나누었을 때, 위에서 살펴본 것은 수평적 생태계와 관련된다. 수평적 생태계에 있어서 중요한 위치를 차지하는 것은 플랫폼 생태계다. 이제 우리도 글로벌 플랫폼 생태계에 친화적인 제품 및 서비스를 제공하는 접근법이 필요하다. 즉, 세계의 선도적인 플랫폼을 활용하거나 스스로 글로벌 플랫폼을 만들어가는 접근이 필요하며, 자체 플랫폼이 글로벌 시장에서 강세를 보이는 경우에도 다른 플랫폼과의 연결이 중요하다. 플랫폼은 연결될수록 강해지며 일정한 시간이 지나면 가속도가 붙기 때문이다. 플랫폼을 만들 수 없는 경우에는 이들 플랫폼과 협력 파트너십을 구축하거나 상호 운영성이 이루어지는 제품 및 서비스를 제공하는 접근이 필요하다.

수직적 생태계에 익숙한 국내 기업에게 수평적인 협업 생태계는 다소 생소할 수도 있을 것이다. 수직적 생태계는 제품 디자인과 설계, 생산에서 출하, 물류, 판매, AS, 유지 운영, 보험 등 모든 영역을 내부적으로 연결하는 것을 중시한다. 국내 제조 기업의 경우 지금까지 수직적 내재화를 통해 경쟁력을 강화해왔고, 그에 따른 성공 사례도 많았다. 이 때문에 협업 생태계로의 시도와 전환이 아직 본격화되지 않은 상황이다. 또한 협업 생태계로의 인식 전환이 늦어지다 보니 어느 정도 시간이 소요될 것으로도 예상된다. 하지만 플랫폼 시대를 열기 위해서는 수평적 협업 생태계로의 전환은 필수적인 바 이에 대한 꾸준한 추진이 요구된다.

또한 전문적인 기술과 차별화 역량으로 고객의 요구에 유연하고 빠르게 공급하는 생태계를 만들어가는 것도 필요하다. 이제 대기업은 자사 인력만으로 새로운 제품과 서비스를 개발하는 데 한계에 도달했다. 따라서 신제품과 신공정 아키텍처를 제공해 중소기업과 벤처기업을 협업 파트너로 참여시키는 것은 물론, 외국 기업도 참여시키는 창의적 협업 방식이 필요하다. 이를 가능케 하는 방법으로는 다기능 팀을 중심으로 워크숍을 진행하여 '개발에서 시장 확보까지' 창의적 오픈 협업을 추진해나가는 방식을 생각해 볼 수 있다. 이러한 과정을 거치면 자연스럽게 협업 생태계가 발전될 것이다.

이상으로 책을 마무리하면서 마지막 장에서는 GE로부터 배워야 할 점을 정리해 보았다. 이는 그저 저자들의 생각과 해석일 뿐이다. GE가 주는 시사점은 독자의 경험과 관점에 따라 다양하게 존재할 것이다. 하지만 한 가지 확실한 점은 독자나 저자 모두, 우리가 알지 못하는 디지털 트랜스포메이션의 여정 앞에 서 있다는 것이다. 우리 모두가 갈망하는 사례나 참고자료는 매우 제한적이다. 이러한 상황에서 실험해보고, 실행해보고, 공유해가는 커뮤니티를 형성할 수 있다면 여정 가운데 발생할 수 있는 시행착오를 줄이는 데 도움이 되지 않을까 싶다. 모쪼록 이 장에서 언급한 사항들이 독자들과 함께 공유해 나가나는 커뮤니티에서 활발히 논의될 수 있기를 희망해 본다.

제조 강국의 위상을 되찾기를 희망하며

이 책의 집필 과정에서 GE의 CEO가 두 번이나 바뀌었다. GE가 지금까지 이루어낸 디지털 트랜스포메이션은 제조 기업에게는 상상도 할 수 없는 '천지개벽'의 변화였다. 이는 우리가 상상을 뛰어넘는 커다란 변화 속에 살고 있음을 의미한다.

GE는 지난 10여 년간 '변화에 대응하기 위해 무엇이 중요한가?'를 지속적으로 질문하고, 대응해나가는 모습을 보여주었다. 이 책에서는 GE의 디지털 트랜스포메이션이 성공이냐 실패냐 논하는 것을 피하고자 했다. 성공한 기업이라고 생각하든 실패한 기업이라고 생각하든 각자가 GE의 디지털 트랜스포메이션 발자국으로부터 그 여정을 이해하고 시사점을 얻는 게 중요하다고 생각했다.

책을 쓰는 내내 기존의 조직 구조와 관행을 유지하며 고객에게 잠들어 있는 국내 기업이 자꾸 떠올라 안타까움을 금할 수 없었다. 국내에는 양질의 제품을 효율적으로 생산해 원가 경쟁력을 확보한 기업들이 대부분이다. 이에 비해 미국, 독일, 중국 등에서는 새로운 제조 방식과 새로운 제품과 새로운 서비스 제공 방식을 모색하는 기업들이 점차 늘어나고 있다. 그들은 더 이상 원가 경쟁력에만 의존하지 않는다. 고객이 요구하는 독특한 제품이나 서비스를 빠르게 공급하면서 새로운 비즈니스 모델을 바탕으로 경쟁우위를 추구하고 있다.

이런 기업들은 고객 중심의 수평적 소통이 활성화되어 있다. 필자는 이러한 기업을 '고객에게 깨어 있는 조직'이라고 말한다. 수평적 소통으로 고객의 요구에 빠르게 대응하고, 기술 전문가와 조직이 내외적·수평적으로 소통하며 깨어 있는 기업을 뜻한다. 이렇게 '고객에게 깨어 있는 조직'은 '디지털 기술에도 깨어 있는 조직'이다. 지금의 디지털 기술은 기업은 물론 국가 산업의 흥망을 좌우하는 커다란 변화를 가져오는 기술이기도 하다.

30여 년 전 영국 SPRU 유학 시절에 세계 산업의 흥망성쇠와 관련해 '가슴을 두근거리게 했던' 크리스토퍼 프리먼(Christopher Freeman) 교수의 특강이 떠오른다. 장기 파동 및 비즈니스 사이클 관련 세계적 이론가인 프리먼 교수는 그때 유럽의 주변국에 지나지 않았던 독일의 화려한 비약에 관한 뒷이야기를 들려주었다.

1800년대 초중반 독일의 산업 발전 방향에 대해 고민했던 프리드리히 리스트(Friedrich List, 1789~1846)는 당시 증기엔진, 철도, 철강, 섬유 산업을 중심으로 한 세계 최강 국력을 가진 영국을 분석하고, 영국을 추격하는 것은 불가능하다는 결론을 내렸다고 한다. 하지만 리스트는 독일이 할 수 있는 일을 하기 위해서는 산업이 발전할 수 있는 '국가 정치·경제 시스템'을 설계하고 발전시켜야 한다는 글을 1841년에 발표하고, 이러한 시스템이 갖춰야 할 특징을 제시했다. 독일은 이후 1800년대 말부터 1900년대 초를 전후하여 전기 및 화학이라는 신산업을 성공적으로 발전시키는 '국가 정치·경제 시스템'을 구축하여 영국을 추격했다고 한다.

이러한 리스트의 이야기는 산업 선진국을 머나먼 꿈의 이야기로 여겼던 한국 유학생의 가슴에 불을 지폈다.

'우리도 국가 정치·경제 시스템을 잘 만들어 간다면…!'

2010년대 초반 필자는 3D 프린팅, 산업용 사물인터넷이라는 기술 변화의 흐름에 거대한 장기 파동의 물결이 도래함을 느끼고, 국내 산업의 미래에 위기감을 갖지 않을 수 없었다. 그래서 이에 부합하는 '국가 정치·경제 시스템'을 만드는 데 기여하고, 신제조(인터넷화 및 서비스화 제조업) 친화적인 혁신 생태계를 구축하기 위해 '한국인더스트리 4.0협회'를 2015년에 조직했다.

그 후 활동한 지 5년여의 세월이 흘렀다. 협회 활동을 하고 수많은 기업 경영자와 종업원을 만나면서 느낀 것은 '많은 이들이 좌절하고 있고, 많은 이들이 불투명한 미래의 희망을 찾고 싶어 한다'는 것이었다. 지금은 리스트가 느꼈던 '불가능하다'라는 깊은 좌절감과 겸손함을 바탕으로 새로운 산업 발전을 위해 시스템을 재설계하고 발전시키는 것이 필요한 시기다. 또한 새로운 산업에 대응하는 데 있어 새롭게 등장하는 기술과 새로운 시장을 이해하고, 그 기회를 활용하는 것이 핵심임은 두말할 나위가 없다.

필자가 유학 시절 접한 5세대 혁신 관련 한 논문이 있었다. 그 논문은 당시 세계 제조 최강국의 위치를 차지한 일본의 혁신 유형을 4세대 혁신으로 파악하고, 5세대 혁신이 도래하고 있음을 지적하며, 거기에 투자하는 기업이 차세대의 선도적 기업이 될 수 있다고 강조했다. 이 논문은 고객 지향적 제품과 서비스, 사일로를 넘어 조직 내 긴밀한 네트워크를 바탕으로 한 상호작용, 외부(고객, 공급자, 광범위한 네트워크)와 경계가 없는 네트워크를 바탕으로 한 스피디한 고객 중심의 디지털 혁신을 대안으로 제시했다. 한마디로 '고객에게 보다 더 깨어 있고, 디지털 기술에 보다 더 깨어 있는 기업'이 되라고 강조한 것이다.

그 후 30여 년의 시간이 흘렀다. 기업의 디지털화가 진척되면서 놀랍게도 그 논문의 내용을 능가하는 변화가 가시화되고 있는 것을 눈으로 확인하고 있다. 디지털 트랜스포메이션은 이제 기존의 구글이나 페이스북이 이끌어가는 서비스업의 영역을 넘어 제조업 영역은 물론 스마트 시티, 운송, 의료 등의 부문까지 그 범위를 확대하고 있다. 산업용 사물인터넷의 출현으로 기업 내부의 인터넷 네트워크는 기계와 부품은 물론 기업의 외부 고객과 제품으로까지 연결되고 있다. 더욱이 디지털 기술의 활용으로 인해 실시간 인터넷으로 연결된 시뮬레이션은 물론, 실시간 디지털 트윈과 현실 세계의 실물이 연결된 연구개발, 생산, 마케팅 활동이 활성화되고 있다.

이제 우리는 기술혁신경영 분야의 전문가가 예측했던 것보다 더 진화된 형태의 혁신을 구현해야 하는 도전에 직면해 있다. 2016년 11월 스톡홀름에서 열렸던 'OECD 제조혁명 컨퍼런스'에 참여한 선도 기업 리더와 장관급 인사들은 새로운 제조업 흐름에 가장 빠르게 대응하고 있는 몇 개의 나라를 언급했다. 이 중 한국은 언급되지 않았다. 지난 30여 년간 국내 기업이 피땀 흘려 구축한 '제조 강국'의 위상이 땅에 떨어진 것은 아닌가 하는 아쉬움을 금할 수 없었다.

하지만 늦었다고 생각하는 때가 가장 빠른 때라는 말이 있다. 지금 우리나라가 지닌 '제조 강국'의 위치는 앞이 보이지 않는 막막한 상황에서 미래에 대한 희망을 품고 야심차게 나아갈 길을 개척했기에 이루어진 것이다. 반도체, 스마트폰, 디지털 TV 관련 프로젝트 등이 대표적이다. 모쪼록 우리 기업들이 새로운 혁신을 통해 '한국 제조업의 르네상스'를 이루기 위한 디지털 트랜스포메이션 여정을 성공적으로 펼쳐나가기를 기원해본다. '한국 제조업의 디지털 트랜스포메이션' 여정은 스마트 시티, 운송, 의료 등의 분야에 디지털 트랜스포메이션을 촉발하고 그와 함께 이루어진다는 점에서 국내 산업 발전의 미래에 의미가 매우 크다고 할 수 있다. 그 머나먼 길에 이 책이 작게나마 초석이 될 수 있다면 저자로서는 큰 보람이 될 것이다.

대표 저자 임채성

디지털 트랜스포메이션 시대를 주도하자

국내에 PC가 보급된 1989년 회사 생활을 시작한 후, 저자는 제조공정 엔지니어에서 출발해 정보화, 경영혁신, 전략기획 등을 담당하면서 도요타, 삼성전자, GE, 지멘스 등 혁신적인 기업을 통해 많은 것을 배웠다. 주기적으로 선진 기업들을 벤치마킹해 왔는데, 특히 2010년도 이후 GE와 지멘스 두 기업에게서 독특한 변화를 발견했다. 가장 전통적 제조 기업인 두 기업에서 기존의 일하는 방법과 사업구조를 바꾸는 디지털 관련 사업이 등장한 것이다. 당시에는 이러한 변화가 무엇을 의미하는지 정확히 알지 못했다.

그 후 약 5년이 흐른 2016년 스마트 팩토리 TF 팀을 맡고 나서 두 기업의 사업장을 방문할 기회가 있었다. 실제로 보니 그들의 경영전략을 이해할 수 있었고, 그들이 추구하는 새로운 혁신의 실체가 디지털 비즈니스, 플랫폼, 3D 프린팅 등 고객가치에 초점을 맞춘 비즈니스 모델과 생산방식의 혁명(일명 4차 산업혁명이라고 칭함)임을 파악할 수 있었다.

당시 국내에서 추진 중인 스마트 팩토리는 내부의 Quality, Cost, Delivery 혁신에 초점을 맞추고 있었다. 저자는 혁명적인 전환이 필요하다고 생각했다. 향후 많은 선진 기업들이 속속 새로운 비즈니스 모델을 완성하여 국내 제조 기업들에게 생존에 위협을 줄 것이라는 위기의식이 느껴졌다. 당시 소속사였던 삼성테크윈의 고객이 GE이고, 협력사가 지멘스이기에 저자는 두 기업의 전략과 변화를 자연스럽게 접할 수 있었다. 특히 2016년 삼성테크윈이 한화그룹으로 인수합병된 후 '스마트 팩토리 시범공장 만들기' 프로젝트를 담당하면서 저자는 두 기업의 변화를 더욱 구체적으로 이해할 수 있었다.

그래서 2018년부터 이를 체계적으로 정리하고 전파하기 위해 한국인더스트리4.0협회에 참여하였고, 저술위원회를 맡아서 4차 산업혁명의 개념과 로드맵 및 방법론을 정립하여 전문가 양성 과정으로 만들었다. 그리고 제조 기업을 위해서 GE가 공개하고 있는 디지털 트랜스포메이션 과정 전반을 상세히 파악하여 종합적으로 정리하고 시사점을 도출할 목적으로 이 책을 저술하게 되었다. 재직 기간 중 최근 10여 년 동안 스마트 팩토리 시범공장 만들기 실무와 협회 활동을 하면서 이해하고 고민했던 내용을 최대한 서술하고자 했고, 성공적인 디지털 트랜스포메이션을 위해서 꼭 생각해야 할 내용을 나누고자

했다.

모쪼록 국내 제조 기업에서 일하는 동료와 후배들이 디지털 트랜스포메이션을 제대로 이해하고, 현장에서 시도하여 시급한 부문에 디지털 기술을 빠르고 간단하게나마 적용해보았으면 하는 바람이다. 그리고 향후에는 기업의 디지털 트랜스포메이션에 큰 변화를 주어 제조 혁명, 제품 혁명, 서비스 혁명이 가능한 새로운 디지털 비즈니스를 창출하고, 크고 작은 플랫폼을 만들어 나가기를 제안하고 싶다. 아울러 저자가 의미 있다고 생각하는 다음의 3가지를 전해 본다.

첫째, 4차 산업혁명과 디지털 트랜스포메이션은 눈에 보이지 않는 혁명으로, 이해하고 실행하는 사람에게는 기회가 된다. 4차 산업혁명과 디지털 트랜스포메이션의 실체가 무엇인지 알려주고 결론을 내려 달라는 분이 많았다. 그럴 때마다 어려움을 느꼈다. 나름대로 이 책에 표현하려 했으나 독자들이 만족할지는 의문이다. 결론적으로 말하면 독자들이 학습과 경험이 곧 가야 할 길이 된다. 따라서 국내외에서 일어나는 일들에 마음의 문을 활짝 열고, 적극적으로 협력해 나가면서 스스로 실체를 하나씩 만들어 가야 할 것이다.

디지털 기술은 기존 기술과 결합하여 새로운 기술과 시스템으로 우리 곁에 조용히 다가오고 있다. 최근 이것들은 강력한 플랫폼 등과 결합해 가속도를 붙이고 있다. 이미 우리는 일상생활에서 넷플릭스, 구글, 아마존, 페이스북 등을 통해 그것들의 실체가 무엇인지, 우리 사업에 어떤 영향을 주는지 알지 못한 채 자연스럽게 종속되어 가는 것을 경험한 바 있다. 우리가 즐기고 소비하는 사이에 그 속에서는 무수히 새로운 비즈니스가 만들어졌다. 이러한 경향이 최근 들어 제조 등 타 산업으로까지 확장되고 있다. 디지털 기술은 머지않아 우리의 사업 영역을 제한하거나 생존을 위협할 가능성이 매우 높다. 이러한 변화가 흐름을 이해하는 사람에게는 기회가 되겠지만, 그렇지 못한 사람에게는 위기가 될 것이다.

둘째, 데이터의 개념과 디지털 기술에 대한 이해는 필수다. 이제 IoT, 3D 프린팅, AI 등 디지털 관련 기술을 이해하지 못한다면 원시인과 같은 취급을 받게 될 것이다. 4차 산업혁명과 디지털 트랜스포메이션으로 불리는 변화의 실체를 명확하게 정의하고, 확실한 결과물을 단정하기란 사실 쉽지 않다.

4차 산업혁명은 1차, 2차, 3차 산업혁명 기술에 다양한 디지털 기술이 접목된 것이다. 변화가 아니라 '4차'라는 용어를 사용한 이유가 무엇 때문이겠는가. 차원이 다른 새로운 비즈니스 모델과 생산성을 구현하기 때문이다. 문제는 여기에 사용되는 기술이 디지털 기술이라는 것이다. 아날로그에 익숙하고 눈에 보이는 것에 가치를 둔 기업과 기업인에게는 실체가 없다 보니 이해가 어려운데다 무척 위험해 보일 수도 있다.

그러나 우리가 사용하는 제품에 필연적으로 탑재되는 기술들을 바라보면 실체는 조금 더 구체화될 수 있다. 이들 제품에 4차 산업혁명과 디지털 트랜스포메이션을 가능케 하는 기술들이 적용되어 있기 때문이다. 따라서 새롭게 나타나는 디지털 기술을 우리 제품에 먼저 접목해 보는 것이 무엇보다 중요하다. 회피는 절대 올바른 방법이 아니다. 먼저 적용해 보고 실행해 보는 것이 최선의 선택일 수 있다.

셋째, 디지털 트랜스포메이션과 플랫폼을 이해하고 만들어 보자. 플랫폼은 안다고 해도 실천이 어렵다. 플랫폼을 만드는 시도는 '고객과 디지털 기술에 깨어 있는' 기업이 아니라면 불가능하다. 왜 중국, 미국, 독일 기업은 시도하는데 우리는 왜 잘 안되는지 그 원인을 함께 찾고 풀어나가야 한다.

통상 플랫폼이라고 하면 온 세상을 주도하는 큰 것만을 생각한다. 하지만 제조업은 사업 특성이나 현장마다 미세한 차이가 있고, 관리 포인트도 매우 다양하다. 따라서 큰 플랫폼보다는 산업이나 현장 특성별로 작은 플랫폼이 더 유용하다. 제조 현장에서 각자 작은 플랫폼을 만들고, 상하좌우에 있는 플랫폼들과 연결해 가면서 협업 생태계를 만들어야 성공 가능성이 높다. 이처럼 자신들의 플랫폼을 바탕으로 '초연결(Hyper Connectedness)'을 추진해 간다면 뉴노멀(New Normal) 시대에 생존이 가능할 것이다.

국내에는 정보화를 비롯하여 스마트 공장 구축이 시급한 기업들이 많다. 현장에 디지털 기술을 적용하고, 제품에 AI 기능을 탑재하고, 주변 제품과의 연결도 가능해야 한다. 동시에 미래를 생각하고 큰 변화도 추진해나가야 한다. 이미 시작된 크고 작은 선진 기업들의 플랫폼이 우리 일상과 사업을 지배할 미래를 염두에 두고 지금부터 차근차근 준비해나가야 한다.

오늘 이후 우리는 고객과 함께하고, 산업 현장과 업계를 주도하는 틀을 만들어 플랫폼 생태계 안으로 들어가야 한다. 나의 플랫폼, 나의 디지털 트랜스포메이션을 만들고, 관련 플랫폼과 연결을 해나가야 한다. 이렇게 할 때 국내 제조업의 미래는 밝아질 것이다. 결국 아무것도 하지 않으면 아무 일도 일어나지 않는다.

저자 윤재영

GE 리포트 코리아 패스트웍스 - GE의 새로운 경영혁신 도구, http://www.gereports.kr/ge-fastworks/ 2017. 9. 11.

《GE 혁신과 성장의 비밀》, 가산출판사, 윌리암 로스차일드 지음, 최권영 옮김, 2008.

《디지털 트랜스포메이션 시대 인사조직 운영 전략》, LG경제연구원, 황인경 지음, 2017.

《잭 웰치, 끝없는 도전과 용기》, 청림출판, 잭 웰치 지음, 이동현 옮김, 2001.

《잭 웰치, 성공의 진실을 말하다》, 크레듀, 재닛로우 지음, 안세빈 옮김, 2008.

熊谷昭彦, 《GE変化の経営》, ダイヤモンド社, 2016.

中田敦, 《GE 巨人の復活》, 日經BP社, 2017.

Abate. V, GE Global Research, A Cornerstone of the GE Store, General Electric, 2017.

Alsever. J, "Startups… inside giant companies.", Fortune, 26th April 2015, http://fortune.com/2015/04/26/startups-inside-giant-companies.

Andreessen. M, "Why software is eating the world.", The Wall Street Journal, 20th August 2011.

Anthony. S, "Kodak and the brutal difficulty of transformation.", Harvard Business Review Blog, 17th January 2012.

Anthony. S, "Kodak's Downfall wasn't about technology.", Harvard Business Review Web Article, 15th July 2016.

Augsdorfer, "Bootlegging and Path Dependency.", Research Policy, 34(1): 1-11. 2005

Bartlett. C. A, GE's growth Strategy: The Immelt Initiative, Harvard Business School Case. 2006.

Blank. S, "Why the lean start-up changes everything.", Harvard Business Review. 91(5): 63-72, 2013.

Brettel. M and N. Friederichsen et al, "How virtualization, decentralization and network building change the manufacturing landscape: An industry 4.0 perspective.", International Journal of Mechanical, Industrial Science and Engineering, 8(1):37-44, 2014.

Chesbrough. H, "GE's 9 ecomagination Challenge.", California Management Review, 54(3):140-154, 2012.

Claveria. K, "How the design thinking process improves innovation and customer experience.", https://www.visioncritical.com/design-thinking-process, 2016.

Collis. D. J and T. Junker, "Digitalization at Siemens.", Harvard Business School Case, 2017.

Colvin. G, "What the Hell Happened at GE?", Fortune, https://fortune.com/longform/ge-decline-what-the-hell-happened, 1st June 2018.

Davenport. T. H and G. Westerman, "Why So Many High-Profile Digital Transformations Fail.", Harvard Business Review web article, https://hbr.org/2018/03/why-so-many-high-profile-digital-transformations-fail.

. Dodgson. M and D. Gann et al, "Think, Play, Do.", Oxford University Press, 2005.

. Finken. B and L. Baldassarre, "GE's Real-Time Performance Development.", Harvard Business Review Web Articl, https://hbr.org/2015/08/ges-real-timeperformance-development.

. Galbraith. J. R, "Designing the customer-centric organization: A guide to strategy, structure, and process.", John Wiley&Sons, 2011.

. Gann, D, "Kodak invented the digital camera-then killed it.", https://www.weforum.org/agenda/2016/06/leading-innovation-through-the-chicanes.

. GE, "GE Annual Report: integrated summary.", https://www.ge.com/ar2015/assets/pdf/GE_AR15_Integrated_Summary_Report.pdf, 2015.

. Goldstein. V, "How to grow new: reframing GE FastWorks&how to engage 250K people.", Lean Startup Week 2016, https://www.youtube.com/watch?v=B53CD1HaZM8.

. Goldstein. V, "How to Grow New.", Lean Startup Week 2016, https://www.slideshare.net/LeanStartupConf/how-to-grow-new-reframing-ge-fastworks-how-to-engage-250k-people-viv-goldstein-general-electric.

. Grove. A, "How America Can Create Jobs.", Bloomberg Business Week, https://www.bloomberg.com/news/articles/2010-07-01/andy-grove-how-america-can-create-jobs.

. Gulati. R. T, Rancha,"The Future of GE's Global Growth Organization.", Harvard Business School Case, 2018.

. Gulati. R, "GE's Global Growth Experiment.", Harvard Business Review(September–October), 52–53, 2017.

. Gulati. R and Tahilyani. R, "The Future of GE's Global Growth Organization.", Harvard Business School Case. 2018.

. Hamel. G, "The why, what, and how of management innovation.", Harvard Business Review, 84(2):72–84m, 2006.

. Iansiti. M and K. R. Lakhani, "Digital ubiquity: How connections, sensors, and data are revolutionizing business.", Harvard Business Review, 2014.

. Immelt. J. R, "GE's Jeff Immelt on digitizing in the industrial space.", McKinsey&Company, http://www.mckinsey.com/insights/organization/ges_jeff_immelt_on_digitizing_in_the_industrial_space, 2015.

. Immelt. J. R, "The CEO of General Electric on Sparking an American Manufacturing Renewal.", Harvard Business Review, 90(3):43 – 46, 2012.

. Immelt. J. R, "How I Remade GE.", Harvard Business Review(September–October), 42–51, 2017.

. Immelt, J. R and V. Govindarajan et al, "How GE is disrupting itself.", Harvard Business Review, 87(10):56–65, 2009.

Isaacson. W, "Steve Jobs.", Simon&Schuster, 2011.

Kapoor. B and K. Nolan et al, "How GE Appliances Built an Innovation Lab to Rapidly Prototype Products.", https://hbr.org/2017/07/how-ge-built-an-innovation-lab-to-rapidly-prototype-appliances.

Koren. Y, "The global manufacturing revolution: product-process-business integration and reconfigurable systems.", John Wiley&Sons, 2010.

Krishnamoorthy. R, "GE's culture challenge after Welch and Immelt.", Harvard Business Review web article, https://hbr.org/2015/01/ges-culture-challenge-after-welch-and-immelt.

Lakhani. K and M. Iansiti et al, "GE and the Industrial Internet.", Harvard Business School Case, 2014.

Leonard. D and R. Clough, "How GE Exorcised the Ghost of Jack Welch to Become a 124-Year-Old Startup.", Bloomberg Businessweek, https://www.bloomberg.com/news/articles/2016-03-17/how-ge-exorcised-the-ghost-of-jack-welch-to-become-a-124-year-old-startup.

Lohr. S, "GE Makes a Sharp 'Pivot' on Digital.", The New York Times, https://www.nytimes.com/2018/04/19/business/ge-digital-ambitions.htm.

Magee. D, "Jeff Immelt and the new GE way: Innovation, transformation and winning in the 21st century.", McGraw Hill Professional, 2009.

Power, B, "How GE applies lean startup practices.", Harvard Business Review Web Article, https://hbr.org/2014/04/how-ge-applies-leanstartup-practices.

. Ries. E, "The Startup Way.", Currency, 2017.

. Rogers. D, "The Digital Transformation Playbook: Rethink Your Business for the Digital Age.", Columbia University Press, 2016.

. Rommety. G, "Expanding the Innovation Horizon: The global CEO study 2006.", IBM Business Service, 2006.

. Rotman. D, "Dear Silicon Valley: Forget Flying Cars, Give Us Economic Growth." Technology Review, 119(4):64-67, 2016.

. Rue. B, "Becoming Digital Industrial", Presentation at GE Innovation Forum 2017 Live, Hyatt hotel at Incheon Korea, https://www.youtube.com/watch?v=-QVoa_R-Slg.

. Schilling. M. A, "Strategic Management of Technological Innovation.", McGraw-Hill Publishers, 2005.

. Schrage. M, "Serious play: How the world's best companies simulate to innovate", Harvard Business School Press, 2000.

. Sellers. P, "Transcript: GE CEO Jeff Immelt on Fortune's The Chat", Fortune, https://fortune.com/2015/06/03/ge-immelt-chat-transcript.

. Stewart. T. A and J. Immelt, "Growth as a process.", Harvard Business Review, 84(6):60-70, 2006.

. Thomke. S and J. Manzi, "The discipline of business experimentation.", Harvard Business Review, 92:71-79, 2014.

. Thomke. S and T. Fujimoto, "The Effect of Front-Loading Problem-Solving on Product Development Performance.", Journal of Product Innovation Management, 17(2):128 - 142, 2000.

. Thomke. S, "Experimentation Matters", Harvard Business School Press, 2003.

. Thornhill. S and K. Mark, General Electric: From Jack Welch to Jeffrey Immelt, Harvard Business School Case, 2008.

. Tidd. J and J. Bessant, Innovation and entrepreneurship, Wiley, 2015.

. Tripsas, M. and G. Gavetti(2000). "Capabilities, cognition, and inertia: Evidence from digital imaging.", Strategic Management Journal, 21:1147-1161.

. von Hippel. E, "Perspective: User toolkits for innovation.", Journal of Product Innovation Management, 18(4):247-257, 2001.

저자와 함께 만나는 커뮤니티에 초대합니다!

1. 'GE의 혁신 DNA' Zoom 사랑방: 매달 첫째 수요일 저녁 8시~9시에 열리는 Zoom 사랑방에 독자 여러분을 초대합니다. GE와 비슷한 문제 의식을 가지고 신제조 혁신 혹은 산업 디지털 트랜스포메이션 현장에서 기업이 나아갈 방향을 모색하고 있는 '실천인' 독자와 일반 독자 및 저자가 만나는 사랑방입니다. 질의와 응답 방식으로 진행되며, 독자의 정보나 의견 공유 시간도 갖습니다. 책 내용이 우리 기업에게 주는 구체적 시사점에 대해 함께 생각하고, 실천 대안을 함께 모색하는 커뮤니티를 만들고자 합니다. 참여를 희망하는 분은 easyfoot7@gmail.com(저자)이나 intreeforum@naver.com(한국인더스트리4.0협회)으로 참여 의사를 밝히시면 Zoom 사랑방 링크를 보내드립니다. Zoom 사랑방은 2021년 9월 1일부터 2022년 8월 3일까지 진행될 예정입니다.

2. 'GE의 혁신 DNA' 클럽하우스: Zoom 사랑방보다는 목소리로 대화하는 공간을 선호하는 분들을 위해 매달 첫째 수요일 저녁 9시~10시에 열리는 클럽하우스(Clubhouse)에 초대합니다. 아이폰, 아이패드 이용자만 가능합니다. 진행은 Zoom 사랑방과 달리 'GE의 혁신 DNA'의 각 챕터별 핵심 부분을 읽어주고, 독자의 질문

과 코멘트에 저자가 답하는 방식으로 진행됩니다. 참여를 희망하는 분은 클럽하우스에서 'GE의 혁신 DNA'를 치면 됩니다. 2021년 9월 1일부터 2022년 12월 7일까지 총 16회에 걸쳐 열립니다.

위의 두 모임에 대한 추가 안내는 협회(http://www.intreeforum.org/)와 신제조 캠페인(https://www.newmanufacturing.org/) 홈페이지 공지사항을 참조하시기 바랍니다. 매주 수요일 열리는 두 모임이 추석 당일과 설날 당일이 겹칠 경우에는 다음 날인 목요일에 열립니다.

민간 중심의 산업 디지털 트랜스포메이션 혁신 플랫폼 단체를 소개합니다!

이 책의 GE 사례가 시사하는 바는 미국의 IIC(산업인터넷컨소시엄, In-dustrial Internet Consortium)와 같은 민간 중심(대기업과 중소기업 중심)의 '혁신 플랫폼 단체'가 국내에도 만들어져야 한다는 것입니다. 미국 등 선도국에 존재하는 이러한 단체는 국내에 있는 기존 단체와는 다른 모습과 역할을 가지고 글로벌 벤치마킹은 물론 다양한 실험을 계속해나가고 있습니다. 다음은 이러한 단체를 지향하는 조직입니다.

[한국인더스트리4.0협회]

한국인더스트리4.0협회(회장: 박원주 http://www.intreeforum.org)는 2015년 국내 제조업의 혁명적 변화를 위해 설립된 한국형 인더스트리 4.0 혁신 플랫폼 단체로, 대기업과 중소기업 모두 참여하는 단체를 지향합니다. 4차 산업혁명을 주도하는 세계 양대 조직 중 하나인 미국 IIC(Industrial Internet Consortium)의 한국 파트너(https://www.iiconsortium.org/regional-teams.htm) 단체로, 국내외 기업이 협업하는 혁신 플랫폼 단체의 영역을 개척해 나가고 있습니다.

활동의 핵심은 디지털 트랜스포메이션으로 새롭게 형성되고 있는 글로벌 시장 확보를 위한 시장 표준(De Facto Standard) 활동 인증 및 홍보 활동이라고 할 수 있습니다. 이러한 활동에는 테스트 베드, 테스트 드라이브, 유스 케이스 활동 인증이 포함됩니다. 최근에 한국 기업 최초, 세계 네 번째로 IIC의 테스트 드라이브에 인증되는 성과를 내기도 하였고, 자체 인증 프로그램도 추진하고 있습니다. 이밖에 기업의 공동 솔루션 개발과 시장 확보 및 공정&비즈니스 모델 혁신 관련 문제 해결을 위한 협업 태스크 그룹 활동 및 보고서 활동도 하고 있습니다. 미국 IIC 보고서 보급 확산 및 파트너십 활동, 국내외 기업 네트워킹을 위한 각종 모임, 컨퍼런스 활동과 교육, 글로벌 벤치마킹 방문 등 활동도 수행하고 있습니다.

현재 제조 혁신의 실체에 대한 인식 전환을 위해 '신제조'라는 키워드를 창출·확산하는 활동을 하고 있으며 신제조 캠페인 사이트(https://www.newmanufacturing.org)를 2018년부터 운영해오고 있습니다. 또한 이 단체는 '인더스트리4.0'과 '디지털 트랜스포메이션'이라는 키워드를 저술 및 세미나를 통해 선도적으로 확산한 단체이기도 합니다.

협회 활동 관련 저서 및 보고서로는 《4차 산업혁명 어떻게 시작할 것인가?》(한석희 외 6인, 2016), 〈Korea Manufacturing Smart Factory Readiness Index〉(송형권 외, 2016), 《4차 산업혁명 새로운 제조업의 시대》(박한구 외 4인, 2017), 〈제4차 산업혁명에 대응한 신산업 육성 방안: 신제조업을 중심으로〉(임채성 외 2인, 2018), 〈미국 제조업 부흥정책 분석과 우리나라 산업정책에 대한 시사점〉(송형권&임채성, 2019), 〈IIoT 솔루션 과제를 위한 우수 사례와 학습〉(Durand and Lim, 2020[IIC 보고서;송형권 번역]) 등이 있습니다. 협회 저술위원회(위원장 임재영) 차원에서 만들어진 《GE의 혁신 DNA》는 협회의 2021년 첫 출간물입니다.

한국인더스트리4.0협회는 신제조업을 포함한 광범위한 신산업에 대한 혁신 플랫폼 단체 출범을 추진하는 기업이 있으면 적극 협력할 의사가 있음을 이 지면을 통해 공개적으로 밝힙니다. DXA(디지털 트랜스포메이션 얼라이언스) 준비위원회와의 협력도 이러한 취지에서 추진하고 있습니다.

본 협회 활동 관련 접촉은 협회 기획 팀장(백종선[intreeforum@naver.com])에게 연락 바랍니다.

[디지털 트랜스포메이션 얼라이언스 준비위원회]

디지털 트랜스포메이션 얼라이언스(DXA: Digital Transformation Alliance)는 기업들이 국내에서 민간 차원의 '산업 디지털 트랜스포메이션' 혁신 플랫폼 단체 출범을 추진할 경우, 이를 지원하기 위해 2020년 9월부터 전문 활동가 중심으로 모임을 시작하였습니다. 준비위원회는 플랫폼 단체 출범을 주도할 수 있는 대기업을 접촉하고 있습니다. 미국의 플랫폼 단체인 디지털 트윈 컨소시엄(Digital Twin Consortium)과 개념 입증(Proof of Concept) 인증 협력 프로젝트를 추진하기로 합의하고, 국내의 참여 기업과 함께 프로젝트를 추진 중에 있습니다. IIC 카탈로그 이니셔티브 지역 사이트(Catalogue Initiative Regional Site)를 한국인더스트리 4.0협회와 공동으로 국내에 유치하기로 IIC 측과 합의하고, 이를 추진하고 있습니다. 참고로 '산업 디지털 트랜스포메이션' 대상 산업은 SMARTHE 산업(스마트 시티[S]), 즉 제조[M], 농업[A], 소매 및 물류 [R], 운송[T]), 의료 보건[H], 에너지[E])을 의미합니다.

지면을 빌려 국내에 민간 차원의 기업 중심 '산업 디지털 트랜스포메이션' 혁신 플랫폼 단체를 추진하려는 기업이 있다면 함께 소통하고 협력할 것을 공개적으로 제안드립니다. 이밖에 준비위원회에 참여하려는 기업이나 전문 활동가들도 환영하며, 준비위원회 활동에 지지의 뜻을 밝혀주는 메시지도 환영합니다. 연락은 준비위원회 간사(김흥준 [mixing3@naver.com])에게 해주시기를 부탁드립니다.

독자 여러분을 2022년 증보판 참여 저자로 초대합니다.

GE와 비슷한 문제 의식을 가지고 기업 현장에서 실천하고 있는 여러분의 관점에서 《GE의 혁신 DNA》가 주는 시사점을 정리한 내용을 기고해주실 참여 저자를 모십니다. 기고 내용은 협의를 거쳐 증보판에 포함될 예정입니다. 이에 관심이 있으신 분은 이메일 easyfoot7@gmail.com(저자)이나 intreeforum@naver.com(한국인더스트리4.0협회)으로 연락 부탁드립니다.

매달 초 수요일에 열리는 독자와의 만남에서 증보판에 포함할 만한 내용이 발견될 경우 관련된 분을 참여 저자로 초청할 예정입니다. 참여 저자는 증보판 서적의 내지에 참여 저자로 표기됩니다.

독자 여러분의 독후감, 책 내용 관련 최신 정보 공유 및 기타 의견을 환영합니다.

독자 여러분의 독후감 책 내용 관련 최신 정보 및 기타 의견을 보내 주십시오. 의견을 보내는 방법은 다음과 같습니다.

1) 이메일: easyfoot7@gmail.com(저자), intreeforum@naver.com(한국 인더스트리4.0협회)로 이메일을 보내면 됩니다.

2) 한국인더스트리4.0협회 밴드: 밴드에서 '한국인더스트리4.0협 회'를 검색하여 무료로 회원 가입을 한 후 밴드에 글을 올리면 됩 니다.

3) 한국인더스트리4.0협회 홈페이지: 홈페이지(http://www.intreeforum. org/)의 '알림마당' 내 '자유게시판'에 글을 올리면 됩니다. 해당 내 용은 협회 신제조 사이트(http://www.newmanufacturing.org)를 통해서 도 공유하겠습니다. 독후감, 최신 정보 및 기타 의견 가운데 증보 판에 포함할 만한 내용이 발견될 경우 관련된 분을 참여 저자로 초청할 예정입니다.